KLAUSUREN

AF203405

Französisch Oberstufe

STEFAN WIRBELAUER

STARK

Inhalt

Vorwort
Stichwortverzeichnis

Hinweise und Tipps zu schriftlichen Klausuren

Klausuren

Textaufgabe

Kombinationsaufgabe (Sprachmittlung)

Fortsetzung siehe nächste Seite

Audio-Dateien

Klausur 11: Cercle de silence
Klausur 12: Polyamour
Klausur 13: Manuel franco-allemand
Klausur 14: OIF
Klausur 15: Deux France

Auf die Audio-Dateien können Sie online zugreifen. Ihren Zugangscode finden Sie auf der Umschlag-innenseite. Die Hördateien können auch zum Offline-Gebrauch heruntergeladen werden.

Autor

Stefan Wirbelauer

Vorwort

Liebe Schülerin, lieber Schüler,

mit diesem Band können Sie sich optimal auf schriftliche Klausuren der Oberstufe im Fach **Französisch** vorbereiten.

- Ihnen steht eine Sammlung von **Übungsaufgaben** zur Auswahl, deren Schwerpunkt auf den klassischen **Textaufgaben** mit den drei Anforderungsbereichen „Reproduktion und Textverstehen", „Reorganisation und Analyse" und „Werten und Gestalten" liegt. Dazu kommen **Kombinationsaufgaben** mit **Hörverstehen** und **Sprachmittlung** (Deutsch–Französisch). Damit Sie sich optimal auf Ihre spezifische Klausur vorbereiten können, sind sowohl fiktionale als auch nicht fiktionale Texte berücksichtigt. Die Aufgaben decken die wichtigsten Themenbereiche der Oberstufe ab.

- Zu jeder Aufgabe finden Sie vollständig auf Französisch ausformulierte **Lösungsvorschläge**. Ihnen sind zum Teil grau gerautete **Hinweise** in deutscher Sprache vorangestellt, die Ihnen dabei helfen, den jeweiligen Anforderungen gerecht zu werden.

  Die Lösungsvorschläge orientieren sich in der inhaltlichen Ausgestaltung an den realistischen Anforderungen. Im sprachlichen Bereich haben sie darüber hinaus die Funktion, Ihnen ein Modell bei der sprachlichen Realisierung bestimmter Ideen zu geben. Lassen Sie sich also keinesfalls einschüchtern, wenn Sie im einen oder anderen Fall den Eindruck bekommen sollten, dem fremdsprachlichen Niveau nicht gerecht werden zu können.

- Im Kapitel „**Hinweise und Tipps zu schriftlichen Klausuren**" zu Beginn des Buches sind alle wichtigen Fakten zu den verschiedenen Aufgabentypen und zu den Operatoren im Fach Französisch zusammengefasst. Außerdem finden Sie dort viele Tipps, die Ihnen helfen, Ihre Klausuren erfolgreich zu bestehen.

- Die **Hörtexte** zu den fünf Hörverstehensaufgaben stehen Ihnen als **MP3-Dateien** online zur Verfügung. Für den Offline-Gebrauch können sie auch heruntergeladen werden. Sie können über die Plattform **MyStark** auf die Dateien zugreifen. Auf der Umschlaginnenseite finden Sie Ihren persönlichen Zugangscode.

Viel Erfolg bei Ihren Klausuren!

Stefan Wirbelauer

Stichwortverzeichnis

Hinweise und Tipps
zu schriftlichen Klausuren

1 Aufgabenarten

Als schriftliche Klausuren in Französisch wird Ihnen in der Regel entweder eine reine **Textaufgabe** oder eine sogenannte **Kombinationsaufgabe** (Textaufgabe plus Hörverstehensaufgabe und / oder Sprachmittlung) vorgelegt.

Textaufgabe

Die Textaufgabe besteht aus einem oder mehreren fiktionalen oder nicht fiktionalen Texten, wobei ein Text in diesem Sinne auch eine visuelle Vorlage (Foto, Karikatur, Skizze, Statistik etc.) sein kann. Die Aufgabenstellungen sind in der Regel mit sogenannten Operatoren formuliert und decken meist alle drei Bereiche Textverständnis, Textanalyse und kreatives Schreiben ab.

Hörverstehensaufgabe

Bei Hörverstehensaufgaben bekommen Sie einen Text mehrere Male vorgespielt, zu dem Sie Aufgaben lösen sollen. Die typischen Aufgabenformate sind Multiple-Choice-Aufgaben, *vrai-/faux*-Aufgaben und Aufgaben, die eine Kurzantwort erfordern.

Sprachmittlung

Bei der Sprachmittlung wird von Ihnen erwartet, dass Sie den wesentlichen Inhalt oder bestimmte Aspekte eines deutschen Ausgangstextes zusammenfassend oder selektiv auf Französisch wiedergeben sollen. Die Aufgabenstellung gibt die Textsorte vor, die Sie wählen sollen (z. B. E-Mail, Rezension, Zeitungsartikel), sowie den Kontext und den Adressaten.

2 Anforderungsbereiche und Operatoren

Die Arbeitsanweisungen der Textaufgabe umfassen verschiedene Anforderungsbereiche. Diesen Anforderungsbereichen wiederum sind grundsätzlich spezielle Operatoren zugeordnet. Operatoren sind häufig verwendete **Schlüsselwörter**, die eine bestimmte Antwort Ihrerseits verlangen. Einige dieser Operatoren können auch in verschiedenen Anforderungsbereichen verwendet werden. Im Folgenden werden die

I

grundsätzlichen Erwartungen der einzelnen Anforderungsbereiche an Sie dargelegt und häufig vorkommende Operatoren erläutert.

Anforderungsbereich I:

Die Ihnen in diesem Anforderungsbereich vorgelegten Arbeitsanweisungen überprüfen immer Ihre Kompetenz im Bereich **Textverständnis** und **Reproduktion** von Inhalten. Es geht bei Ihren Antworten in diesem Bereich also zunächst vor allem darum zu beweisen, dass Sie den Text verstanden haben. Dazu ist es wichtig, dass Sie in eigenen Worten, in neutralem Stil schreiben, ohne dass Ihre persönliche Sicht auf die Inhalte des Textes einfließt. Vermeiden Sie in diesem Anforderungsbereich dringend die direkte Übernahme sprachlichen Materials oder gar ganzer Satzteile oder Sätze aus dem Text, da dies bei dem Korrigierenden Zweifel an Ihrer Fähigkeit zum Textverständnis wecken wird.

résumer	Die „klassische" Aufforderung zur Inhaltswiedergabe. Achten Sie unbedingt auf die Einhaltung folgender formaler Kriterien: – Einleitungssatz mit Verfasser, Titel, Textsorte, Erscheinungsdatum – Ein oder zwei Sätzen mit Hauptgedanken des Textes – Gedankliche Anordnung des Originaltextes – Neutrales Standard-Französisch – Präsens als Erzähltempus (das schließt natürlich die Benutzung anderer Zeiten zum Ausdruck der Vor- oder Nachzeitigkeit nicht aus) – Dritte Person Präsens – Vermeiden von Zitaten, direkter und indirekter Rede, eigenen Kommentaren oder Wertungen	Résumez le texte. (Klausur 4, Aufg. 1)
présenter	Stellen Sie den geforderten Sachverhalt oder die Person vor. Achten Sie darauf, möglichst alle im Text vorkommenden Hinweise strukturiert zu berücksichtigen, ohne allerdings bereits in die Analyse überzugehen.	Présentez la situation dans laquelle se trouve Nestor Burma. (Klausur 6, Aufg. 1)
exposer	Dieser Operator entspricht weitestgehend dem zuletzt genannten *présenter*, nur dass er sich meist auf Sachverhalte bezieht.	Exposez la situation de la narratrice et ses sentiments pour Sarah. (Klausur 12, Aufg. 1)
décrire	Die Anforderungen dieses Operators entsprechen im Wesentlichen denen von *présenter*. Er findet sich häufig bei Bildvorlagen. Achten Sie hier auf eine strukturierte Beschreibung (Zentrum-Peripherie, Vordergrund/Hintergrund, oben/unten, usw.)	[…] décrivez les différences entre ceux qui habitent le Canada depuis des générations et les nouveaux venus. (Klausur 1, Aufg. 1)

comparer	Kommt häufig im Anforderungsbereich II vor. Wenn Sie im Anforderungsbereich I zum Vergleich aufgefordert sind, dann beschränken Sie sich konsequent auf die äußeren Aspekte.	
indiquer	Hier sollen Sie ein Thema oder einen Aspekt angeben oder benennen. Die Antwort kann knapp ausfallen, sollte aber begrifflich präzise sein.	

Anforderungsbereich II:

Der Anforderungsbereich II bezieht sich auf Ihre Kompetenz zur **Analyse** und **Reorganisation** von Inhalten. In Ihrer Antwort sollten Sie auf die formale Gestaltung des Textes und die beim Rezipienten erzielte Wirkung eingehen. Es geht also um die Überprüfung Ihrer Fähigkeit, die Aussagen und Zielsetzungen von Texten treffend zu beschreiben. Beachten Sie bei Verweisen auf den Text die üblichen Zitierregeln (mit Zeilenangaben).

comparer/ mettre en relation avec	Achten Sie bei einem Vergleich darauf, potenziell sowohl die Dinge zu benennen, die sich entsprechen, als auch die, die sich voneinander unterscheiden.	
expliquer	Bei einer Erklärung sollten Sie die Beweggründe und Ursachen in den Vordergrund stellen.	Expliquez la citation « J'éprouve un grand estime pour les personnes qui aiment leur patrie ». (Klausur 8, Aufg. 2).
décrire	Als Operator des Anforderungsbereiches I bekannt. Unter II müssen Sie sich nicht unbedingt auf äußere Fakten beschränken.	Décrivez la façon dont les protagonistes subissent la mort de leurs parents. (Klausur 5, Aufg. 2)
analyser	Mit diesem Operator werden Sie aufgefordert, einer Sache auf den Grund zu gehen. Beschränken Sie sich dabei aber auf Aspekte, die wirklich aus dem Text hergeleitet werden können.	Analysez la relation entre les deux jeunes filles en mettant l'accent sur les explications que Charlène donne de subir une telle situation. (Klausur 12, Aufg. 2a)
examiner (les raisons)	Aufforderung zur Untersuchung eines Sachverhalts oder einer Entwicklung. Versuchen Sie die tiefergründigen Ursachen des Phänomens zu beleuchten.	Examinez le rôle que joue la nature ou le terroir pour les gens. (Klausur 1, Aufg. 2b)
caractériser/ faire le portrait de qn	Im Gegensatz zum allgemeinen *décrire* soll hier der Fokus auf dem Wesen einer Person liegen, so wie es aus der Darstellung im Text abzuleiten ist.	Faites le portrait de la ville de Paris au petit matin telle qu'elle est décrite dans cet extrait de texte. (Klausur 6, Aufg. 2)

dégager	Aufforderung, bestimmte Aspekte eines Themas herauszuarbeiten bzw. deutlich zu machen.	
étudier (de façon détaillée)	Fordert ebenso wie *dégager* zum Erarbeiten eines bestimmten Aspektes auf. Hier liegt der Fokus allerdings eher auf der Konzentration bedeutsamer Einzelheiten.	
établir un rapport/ mettre en relation	Dieser Operator kommt dann zum Tragen, wenn bei einem Vergleich mindestens ein wesentliches Element übereinstimmt. Ähnlich wie bei *comparer* sollen Sie dann Unterschiede und Gemeinsamkeiten herausarbeiten.	

Anforderungsbereich III:

Der Anforderungsbereich III überprüft vornehmlich Ihre Kompetenz bei der **Einordnung** der vorgelegten Inhalte in einen größeren Zusammenhang und der **begründeten Bewertung** dargestellter Positionen. Achten Sie darauf, dass Sie, wenn von Ihnen ein Werturteil gefordert wird, dieses auch wirklich treffen. Bemühen Sie sich um Differenzierung, aber übertreiben Sie es nicht dahingehend, dass Ihre Position nicht mehr erkennbar ist. Unter diesem Anforderungsbereich sind auch die kreativen Gestaltungsaufgaben subsummiert.

discuter/ peser le pour et le contre	Der klassische, relativ offene Operator im Anforderungsbereich III. Stellen Sie zunächst die unterschiedlichen Aspekte oder das Für und Wider dar und entscheiden Sie sich dann mit Begründung für die eine oder andere Position.	Vivre en ville ou à la campagne ? Discutez la question en tenant compte des arguments des deux textes. (Klausur 10, Aufg. 3)
comparer	Meist im Anforderungsbereich II verwendeter Operator, bei dem von Ihnen ein Vergleich erwartet wird, der hier durchaus mit einem Werturteil abgeschlossen werden kann.	Comparez la relation entre les deux jeunes filles telle qu'elle se présente d'après cet extrait du texte à une autre relation inégale entre deux personnages d'un roman ou d'un film traité en cours. (Klausur 12, Aufg. 3a)
juger	Geben Sie eine begründete Beurteilung ab. Evtl. können Sie hier auch die Ihrem Werturteil zugrunde liegenden Maßstäbe offenlegen.	
justifier	Hier geht es darum, Ihre eigene Meinung oder auch, wenn gefordert, die einer anderen Person zu begründen.	

IV

commenter	Ein Kommentar ist von der Textsorte her eine eher nüchterne Stellungnahme zu einem bestimmten Problem, einem Sachverhalt oder einer Äußerung. Dennoch sollte im oben dargestellten Sinne Ihre eigene Position hier klar erkennbar sein.	Commentez le comportement de Patty. Quels dangers ou problèmes verriezvous dans une situation pareille ? (Klausur 5, Aufg. 3)
faire un compte rendu	Hier wird von Ihnen eine Zusammenfassung unter bestimmten in der Aufgabenstellung angegebenen Gesichtspunkten erwartet. Dabei sind Sie jedoch nicht an die oben genannten Gestaltungsmittel des Resümees gebunden.	Vous répondez au blog de Gaëlle et vous lui faites un compte-rendu de l'article que vous avez lu par hasard sur la page « sueddeutsche.de ». (Klausur 10, Aufg. 4)

Die folgenden Operatoren appellieren eher an Ihre **kreativen Fähigkeiten**.

imaginer	Ein offener Operator, bei dem Sie aufgefordert sind, sich in eine bestimmte Position hineinzuversetzen und aus dieser Position heraus Stellung zu beziehen.	Imaginez le dialogue entre Nestor Burma et Florimond Faroux. (Klausur 6, Aufg. 3)
rédiger	Bei diesem Operator wird von Ihnen das Verfassen eines situationsangemessenen Textes erwartet. Häufig müssen Sie sich in eine Person oder Situation hineinversetzen. Beziehen Sie sich dabei durchaus implizit oder explizit auf im Text vorkommende Inhalte oder Argumente. Wenn Sie speziell aufgefordert werden, eine bestimmte Textsorte, etwa einen Brief zu verfassen, dann beachten Sie unbedingt die textsortenspezifischen Merkmale wie Anrede, Schlussformel usw. und unterscheiden Sie persönlich bekannte und unbekannte Adressaten.	Rédigez une réponse à l'article d'Alexandre Najjar en vous référant à ses arguments principaux. (Klausur 7, Aufg. 3)
esquisser	Das Skizzieren bedeutet, nur die wichtigsten Punkte anzugeben, ohne dabei auf die Details einzugehen.	

3 Methodische Hinweise und allgemeine Tipps

Für den erfolgreichen Umgang mit einer schriftlichen Klausur kann es hilfreich sein, sich vorab bestimmte Strategien oder Techniken der Bewältigung zurechtzulegen. Auch wenn es nicht gelingt, alles davon während der Klausur umzusetzen, so gibt ein solches „Rüstzeug" doch ein gewisses Maß an Sicherheit, was einem im Ernstfall hilft, die Klausurensituation gelassener zu überstehen.

Zeiteinteilung

– Machen Sie sich, sobald Sie sich für eine Aufgabe entschieden haben, einen individuellen Zeitplan für die Bearbeitung des gesamten Themas.

– Sie brauchen Muße für die intensivere Lektüre des gegebenen Textes. Verschwenden Sie allerdings nicht zu viel Zeit für das Nachschlagen aller Ihnen nicht ganz klaren Vokabeln. Vieles lässt sich auch aus dem Kontext erschließen oder ist für die Bearbeitung der Aufgabe irrelevant.

– Wichtiger Anhaltspunkt für die Aufteilung der Zeit auf die einzelnen Arbeitsschritte sind die hinter den Aufgabenstellungen vermerkten Bewertungseinheiten bzw. die prozentuale Angabe des Gewichts der jeweiligen Teilaufgabe.

– Planen Sie ausreichend Zeit für die inhaltliche und sprachliche Überarbeitung Ihrer Ergebnisse ein. Besonders wenn Sie mit Techniken der Selbstkorrektur vertraut sind, sollten Sie den eigentlichen Schreibprozess nach drei Viertel der Gesamtarbeitszeit beendet haben und die verbleibende Zeit zur Optimierung Ihres sprachlichen Ergebnisses bzw. zur Eliminierung von Fehlern nutzen.

Lesestrategien

In jeder schriftlichen Klausur werden Sie einen französischen Text im engeren Sinne vorgelegt bekommen, der die Grundlage Ihrer Arbeit darstellt. Es ist daher von entscheidender Bedeutung, diesen Text verstehen und einordnen zu können.

– Beim ersten Lesen kommt es darauf an, sich einen Überblick über Inhalt und Aussage des Textes, aber auch – und das ist fast wichtiger – über die genaue Aufgabenstellung zu verschaffen.

– Bei der zweiten Lektüre sollten Sie das Hauptaugenmerk auf das Erfassen der Struktur des Textes legen. Markieren Sie die wichtigsten Aussagen, in der Regel pro Absatz ein Aspekt, und geben Sie den Sinnabschnitten sinnvolle Überschriften mit eigenen Worten, das dient bereits der Vorbereitung der Inhaltswiedergabe.

– Vergegenwärtigen Sie sich schließlich genau die Aufgabenstellungen und markieren Sie im Text mit verschiedenen Farben inhaltliche Aspekte, die Sie den einzelnen Arbeitsaufträgen zuordnen. Nun sollten Sie auch mit Hilfe des Wörterbuches unbekannte Vokabeln erschließen, deren genaue Bedeutung Ihnen Voraussetzung für die Bearbeitung der Aufgabe zu sein scheint.

Textsorten

Dem erweiterten Textbegriff gemäß können Sie, wie oben bereits angemerkt, bei einer Textaufgabe natürlich auch mit Statistiken oder Bildern konfrontiert sein.

– Haben Sie es mit einer Statistik zu tun, dann besteht für Sie der Vorteil darin, sich nicht mit großen Textmengen befassen zu müssen. Andererseits erfordert die Interpretation statistischen Materials höchste Konzentration, weil jedes Detail bedeutsam sein kann. Achten Sie besonders auf möglicherweise vorhandene Beschriftungen oder Erläuterungen, verwendete Einheiten und Werte und die aus den Einzelheiten abzuleitende allgemeine Tendenz oder Aussage der Statistik.

– Bei Bildern oder Karikaturen werden Sie in der Regel aufgefordert, die Darstellung zu beschreiben und zu analysieren oder interpretieren. Beachten Sie dabei zunächst die Art der Darstellung *(photo, caricature, tableau, affiche, première de couverture, etc.)* und den Ort der Publikation *(journal, revue, magazine, agence, etc.)*, bevor Sie dann strukturiert beschreiben. Denken Sie auch an Aspekte wie Farbgebung, Helligkeit/Dunkelheit oder die Bedeutung einer evtl. vorhandenen Über- oder Unterschrift. Bei der Interpretation können Sie dann etwa die Stimmigkeit von Darstellung und Aussage prüfen oder Ihre eigene Position zur Aussage der Darstellung darlegen.

Verfassen der Lösungen

– Denken Sie daran, dass Sie ein großes Thema anhand verschiedener Arbeitsaufträge bearbeiten. Es empfiehlt sich nicht, die vorgegebene Reihenfolge der Arbeitsaufträge zu verändern, da Sie sich im Fortgang der Arbeit auf die bereits herausgearbeiteten Ergebnisse der vorangegangenen niedrigeren Zielebene berufen können.

– Klären Sie unbedingt genau, bevor Sie mit dem eigentlichen Schreiben beginnen, welche Aspekte Sie unter welchem Arbeitsauftrag „loswerden" wollen und machen Sie sich ein entsprechendes Konzept mit Stichwörtern.

– Schreiben Sie nicht zu kompliziert, sondern eher ökonomisch und präzise. Bedenken Sie, dass ausschließlich die Qualität und nicht der Umfang Ihres Textes bewertet wird. Dennoch sollten sie natürlich versuchen, die sprachlichen Mittel, über die Sie relativ sicher verfügen, auch einzubringen und etwa unterschiedliche Satzgefüge ggf. unter Verwendung des *subjonctif* zu benutzen. Vergessen Sie schließlich nicht, Ihre Sätze mit passenden Konjunktionen logisch zu verknüpfen. Beachten Sie dazu auch die im nächsten Kapitel angebotenen sprachlichen Mittel.

Hörverstehen

Bei den Aufgaben zum Hörverstehen wird eine im Unterricht systematisch entwickelte Teilfertigkeit überprüft, die wesentliche Voraussetzung zur Kommunikation in der Fremdsprache ist. Zur erfolgreichen Bewältigung dieses Aufgabentyps sollten Sie folgende Aspekte beachten:

– Lesen Sie vor dem ersten Hören alle Aufgaben durch, um beim Hören den Fokus auf lösungsrelevante Äußerungen legen zu können. Während bei einigen Aufgaben Detailverständnis gefragt ist, gibt es andere, bei denen etwa eine aufgeschnappte Jahreszahl zur richtigen Antwort reicht. Nutzen Sie also auch hier wie beim Leseverstehen die Ihnen im Unterricht vermittelten Strategien.

– Nutzen Sie ganz bewusst die in der Einleitung gegebenen Hinweise auf den Kontext oder eventuell auf die Anzahl der Sprecher.

– Lassen Sie sich beim Hören des Tondokuments nicht von unbekannten Vokabeln oder nicht verstandenen Textpassagen verunsichern oder gar blockieren. Versuchen Sie allgemein „Verstehensinseln" zu schaffen, die Sie bei jedem weiteren Hördurchgang bestätigen und erweitern.

– Achten Sie bei der Beantwortung der Aufgaben darauf, dass bei den anzukreuzenden Lösungen oft auch mehrere richtig sein können.

VII

- Sollten Sie auch nach dem letzten Hören eine Aufgabe nicht beantworten können, versuchen Sie, die Lösung logisch zu konstruieren oder notfalls zu raten.
- Da bei diesem Klausurenteil nur Ihr Hörverstehen überprüft werden soll, werden grammatikalische oder orthografische Fehler nicht gewertet, es sei denn, Ihre Antwort wird dadurch zweideutig oder gar unverständlich.

Sprachmittlung

Die Sprachmittlung ergänzt als Teilfertigkeit das Hören, Lesen, Sprechen und Schreiben. Hier ist neben der sprachpraktischen auch Ihre im Unterricht erworbene interkulturelle Kompetenz gefragt. Geprüft wird, inwieweit Sie in der Lage sind, den Inhalt oder Teile des Inhalts eines deutschen Textes in die Zielsprache zu übertragen und dabei sowohl die kulturspezifischen Merkmale im Sinne einer interkulturellen Kommunikationsfähigkeit zu beachten und mit zu vermitteln als auch die textsortenspezifischen Merkmale in angemessener Form zu berücksichtigen.

Es kommt also keinesfalls darauf an, den Text ins Französische zu „übersetzen", vielmehr müssen Sie dem – in der Aufgabenstellung immer benannten – Adressaten die zentralen Elemente verständlich machen und sich dabei auf dessen Vorkenntnisse und Vorerfahrungen einstellen. Achten Sie auf eine gute und sinnvolle Struktur Ihres Textes und meiden Sie Wiederholungen.

4 Wichtige Ausdrücke und Redewendungen

In der Vorbereitungszeit auf eine Klausur sollten Sie möglichst viele französischsprachige Texte lesen. Die großen französischen Tageszeitungen finden Sie in allen größeren Bahnhofsbuchhandlungen, sind aber auch im Internet vertreten. So könnten Sie sich täglich einen kleineren Artikel vornehmen.

Darüber hinaus ist es sinnvoll, wenn Sie sich selbst eine Liste mit wichtigen französischen Ausdrücken und Wendungen für Ihre Lösungsaufsätze zusammenstellen. Als Grundlage können Sie fast jeden französischen Text heranziehen, der in französischer Standardsprache abgefasst ist. Auch die Musterlösungen aus dem vorliegenden Buch sollten Sie, wenn Sie eine Übungsaufgabe gelöst haben, nach der inhaltlichen Kontrolle noch einmal ganz gezielt nach sprachlichen Mitteln durchsuchen, die für Ihre Aufsätze wertvoll sein könnten.

Einleitungen zum *résumé*

Literarischer Text
- Dans le texte / roman [titre] de [auteur], publié en [année], [auteur] parle de / présente / décrit…
- Dans l'extrait donné de son livre / roman [titre], [auteur] parle de / présente / décrit…
- Dans le chapitre [titre], extrait du livre / roman [titre], [auteur] parle de / présente / décrit…
- Dans l'extrait présent / Dans cet extrait, …

- Dans le passage présent/Dans ce passage, …

Sachtext
- Dans l'article [titre], paru/publié dans [titre] du [date], [auteur] parle de/présente/évoque/décrit…
- Dans l'article [titre], paru/publié dans [titre] du [date], il s'agit de/il est question de…
- [Auteur] qui a rédigé l'article [titre], paru/publié dans [titre] du [date], nous présente…
- [Auteur] présente dans son article [titre], paru/publié dans [titre] du [date], …
- Le texte [titre] de [auteur] traite de…
- Le texte [titre] de [auteur] a pour sujet…

Beschreiben von Bildern
- Sur la photo/la caricature/l'illustration/l'image… présenté(e), il y a…
- Sur la photo/la caricature/l'illustration/l'image… [titre] de [auteur], on voit…
- au premier plan, …, à l'arrière-plan, …

Wiedergeben der Meinung des Autors
- d'après/selon l'auteur, …

Verben, die in Bezug auf den Autor verwendet werden können:
dire, parler de, exprimer, constater, affirmer, expliquer, analyser, révéler, prétendre, décrire, dépeindre, énumérer, donner des informations sur, faire allusion à, critiquer, mettre en doute, mettre en relief, mettre l'accent sur, souligner, accentuer, discuter, se prononcer sur/contre, croire, penser, être d'avis, trouver, …

Achtung: ein Nebensatz mit que kann nur an transitive Verben angeschlossen werden, nicht aber an intransitive Verben und Substantive; daher:
- poser la question de savoir si
- réfléchir pour savoir si

Wiedergabe der eigenen Meinung
- quant à moi, …/en ce qui me concerne, …
- à mon avis, …/je suis d'avis que…
- je suis d'accord avec l'auteur que…/je ne partage pas l'opinion de l'auteur quand il dit que…
- je désapprouve/je critique/je conteste qc
- je reproche qc à qn
- je trouve/je crois/je pense/j'ai l'impression que
  (*bejaht:* indicatif, *verneint:* subjonctif)
- je suis sûr(e)/persuadé(e)/convaincu(e) que
  (*bejaht:* indicatif, *verneint:* subjonctif)
- il me semble que
  (*bejaht:* indicatif, *verneint:* subjonctif)

Abwägen

- d'un côté..., de l'autre côté...
- d'une part..., d'autre part...

Aufzählen

- premièrement..., deuxièment..., troisièmement...
- d'abord, ..., ensuite/puis, ..., enfin, ...
- pour commencer, ..., pour finir/terminer
- au début, d'abord, en premier lieu/en dernier lieu
- pour résumer

Hinzufügen eines neuen Aspekts

- de plus/en outre...
- il faut encore ajouter...
- à part cela, ...
- également...

Vergleich und Gegensatz

- en comparaison de/avec...
- comparé à/par rapport à...
- établir une analogie/un parallèle entre...
- à la différence de/contrairement à...
- accentuer la différence entre...
- bien que + subjonctif/même si + indicatif

Begründen

- c'est pourquoi.../pour cette raison.../c'est la raison pour laquelle...
- à cause de cela, ...
- comme *(wenn Nebensatz vorangestellt)*/parce que *(wenn Nebensatz nachgestellt)*
- puisque
- car

Folgerungen ziehen, Absichten nennen

- par conséquent/en conséquence...
- donc
- il en résulte que/il s'ensuit que...
- pour conclure, ...
- en conclusion/en somme, ...
- en fin de compte, ...
- afin que/pour que + subjonctif
- pour + infintif

Zeitangaben

- à l'époque (où) …
- à ce moment-là, …
- en ce moment, …
- dans le passé/à l'avenir…
- autrefois, …
- en 1945/en l'an 1945
- l'an 2012

Hémon : « Maria Chapdelaine »

Le texte suivant est un extrait du roman « Maria Chapdelaine » écrit par l'auteur franco-canadien Louis Hémon et publié à titre posthume en 1914.

Samuel Chapdelaine, qui les rencontrait pour la première fois, se crut autorisé à leur faire subir un interrogatoire, selon la candide coutume canadienne.

– Alors, vous voilà rendus icitte pour travailler la terre. Comment aimez-vous le Canada ?

5 – C'est un beau pays, neuf, vaste... Il y a bien des mouches en été et les hivers sont pénibles ; mais je suppose que l'on s'y habitue à la longue.

C'était le père qui répondait, et ses deux fils hochaient la tête, les yeux à terre. Leur aspect eût suffi à les différencier des autres habitants du village ; mais dès qu'ils parlaient le fossé semblait s'élargir encore et les paroles qui sortaient de leur bouche 10 sonnaient comme des mots d'une langue étrangère. Ils n'avaient pas la lenteur de diction canadienne, ni cet accent indéfinissable qui n'est pas l'accent d'une quelconque province française, mais seulement un accent paysan, en quoi les parlers différents des émigrants d'autrefois se sont confondus. Ils employaient des expressions et des tournures de phrases que l'on n'entend point au pays de Québec, même 15 dans les villes, et qui aux hommes simples assemblés là paraissaient recherchées et pleines de raffinement.

– Dans votre pays avant de venir icitte, étiez-vous cultivateur aussi ?

– Non.

– Quel métier donc que vous faisiez ?

20 Le Français hésita un instant avant de répondre, se rendant compte peut-être que ce qu'il allait dire serait étrange et difficile à comprendre.

– Moi, j'étais accordeur, dit-il enfin, accordeur de pianos ; et mes deux fils que voilà étaient employés, Edmond dans un bureau et Pierre dans un magasin. [...]

– Accordeur de pianos, répéta à son tour Samuel Chapdelaine, pénétrant lentement 25 le sens des mots. Et c'est-il un bon métier, ça ? Gagniez-vous de bonnes gages ? Pas trop bonnes, eh ! ... Mais de même vous êtes ben instruits, vous et vos garçons ; vous savez lire et écrire, et le calcul, eh ? Et moi qui ne sais seulement pas lire.

– Ni moi ! ajouta promptement Ephrem Surprenant.

Conrad Néron et Egide Racicot firent chorus :

30 – Ni moi !

– Ni moi !

Et tous se mirent à rire.

Le Français eut un geste vague d'indulgence, impliquant quels pouvaient fort bien s'en passer et qu'à lui cela ne servirait guère, maintenant.

35 – Alors vous n'étiez pas capables de vivre comme il faut avec vos métiers, là-bas. Oui... À cause, donc, que vous êtes venus par icitte ? [...]

1

– On n'est pas toujours heureux dans les villes, dit le père. Tout est cher, on vit enfermé…

Cela leur avait paru si merveilleux, dans leur étroit logement parisien, cette idée
40 qu'au Canada ils passeraient presque toutes leurs journées dehors, dans l'air pur d'un pays neuf, près des grandes forêts. Ils n'avaient pas prévu les mouches noires, ni compris tout à fait ce que serait le froid de l'hiver, ni soupçonné les mille duretés d'une terre impitoyable.

– Est-ce que vous vous figuriez ça comme c'est, demanda encore Samuel Chapde-
45 laine, le pays icitte, la vie ?

– Pas tout à fait, répondit le Français à voix basse. Non, pas tout à fait…

Quelque chose passa sur son visage, qui fit dire à Ephrem Surprenant :

– Ah ! c'est dur, icitte ; c'est dur !

Ils firent « oui » de la tête tous les trois et baissèrent les yeux : trois hommes aux
50 épaules maigres, encore pâles malgré leurs six mois passés sur la terre, qu'une chimère avait arrachés à leurs comptoirs, à leurs bureaux, à leurs tabourets de piano, à la seule vraie vie pour laquelle ils fussent faits. Car il n'y a pas que les paysans qui puissent être des déracinés. Ils avaient commencé à comprendre leur erreur. Ils étaient trop différents pour imiter les Canadiens qui les entouraient, dont ils n'avaient
55 ni la force, ni la santé endurcie, ni la rudesse nécessaire, ni l'aptitude à toutes les besognes : agriculteurs, bûcherons, charpentiers, selon la saison et selon l'heure.

[…] Tous trois avaient l'air de tourner et de retourner dans leurs esprits le bilan mélancolique d'une faillite. Autour d'eux l'on pensait : « Lorenzo leur a vendu son bien plus qu'il ne valait ; ils n'ont plus guère d'argent et les voilà mal pris ; car ces
60 gens-là ne sont pas faits pour vivre sur la terre. »

Hémon, Louis : « Maria Chapdelaine »

Annotations

l. 2	candide	naïf
l. 3	icitte	*québécois pour :* ici
l. 12	les parlers	*ici :* les langues
l. 25	une gage	*québécois pour :* un salaire
l. 26	ben	*québécois pour :* bien
l. 56	des besognes	des travaux, des métiers

Sujets d'étude

1. Exposez l'interrogatoire des trois Français et décrivez les différences entre ceux qui habitent le Canada depuis des générations et les nouveaux venus. *(30)*

2. Choisissez l'un des sujets suivants. *(30)*

   a) Analysez la situation des Français récemment arrivés au Canada, telle qu'elle se présente dans cet extrait.

   b) Examinez le rôle que joue la nature ou le terroir pour les gens. En quoi la nature détermine-t-elle la vie quotidienne des gens au Canada ?

3. Le lendemain de cette rencontre, le père français, présenté dans cet extrait, écrit une lettre à sa femme qu'il a dû laisser provisoirement à Paris pour établir une existence au Canada. Rédigez cette lettre en vous référant au contenu du texte. *(40)*

Lösungsvorschläge

1. Dans le présent texte il s'agit d'un extrait du roman « Maria Chapdelaine », de Louis Hémon, un auteur canadien qui écrivait en français. La scène dont il est question ici traite d'une rencontre entre un groupe de Franco-Canadiens et un Français, récemment arrivé au Québec avec ses deux fils.

Les émigrés français ne se sont pas encore adaptés aux coutumes de la vie au Canada. Ils parlent encore un français citadin « à la française » tandis que les « indigènes » utilisent leur accent paysan, un langage lent qui est en fait un mélange des différents accents de leur pays d'origine.

Alors si déjà la langue différencie les nouveaux venus de la génération d'immigrés précédente, leur formation et leurs métiers le font d'autant plus. Celui qu'on nomme simplement « le Français » dans le texte était accordeur de pianos, et ses deux fils étaient employés à Paris. Ces professions étonnent fortement les Canadiens qui ne savent ni lire ni écrire mais qui sont par ailleurs beaucoup mieux adaptés à la vie, étant tous à la fois agriculteurs, bûcherons, charpentiers, selon les nécessités et la saison.

Les Français, par contre, sont pâles et maigres et on voit bien qu'ils n'ont ni la force, ni la santé ni l'aptitude nécessaire pour survivre ou réussir dans des conditions telles qu'ils existent dans leur nouveau pays.

2. a) *Hinweis: Dieser Arbeitsauftrag geht insofern über eine reine Textverständnisaufgabe hinaus, als Sie aus den konkret angesprochenen Schwierigkeiten auf die übergeordneten Probleme der französischen Emigranten in ihrer neuen Heimat Kanada schließen sollen.*

Les Français nouveaux venus à l'époque avaient apparemment du mal à s'habituer à la dure vie de leur nouveau pays. Souvent leurs rêves et leurs espoirs ne correspondaient pas à la réalité telle qu'elle se présentait à eux à leur arrivée au Canada. Par exemple les trois Français dont il est question dans ce passage menaient une vie de citadins à Paris à laquelle ils étaient parfaitement adaptés. Par contre la formation et leur qualification d'employés et d'accordeur

4

de pianos ne leur sert à rien dans un entourage où il est question de tout faire soi-même, de travailler une terre très souvent ingrate dans des conditions rudes. Ils ont quitté la France et la ville pour aller vivre au Canada dans la nature, sans les restrictions d'une vie citadine (l. 37–41). Ils avaient envie de respirer l'air pur, de pouvoir vivre de leur terre, plutôt que d'être employés, dépendants de quelqu'un d'autre.

Mais la réalité canadienne ne correspond de toute évidence pas du tout aux rêves des émigrés. Ils l'avouent eux-mêmes en disant qu'ils ne se figuraient pas tout à fait le pays ainsi comme c'est « icitte » (l. 45) sans pourtant être vraiment être prêts à reconnaître leur complet échec.

De plus, on apprend que les immigrés ont souvent été dupés par les Canadiens qui leur ont vendu des terres pauvres et arides à un prix trop élevé (l. 58/59).

b) *Hinweis: Die Schwierigkeit dieses Arbeitsauftrages ergibt sich unter anderem daraus, dass in dem vorliegenden Textausschnitt explizit nicht viel über die Bedeutung der Natur gesagt wird. Sie müssen sich also im Wesentlichen auf die impliziten Angaben sowie auf Ihre Kenntnisse über das harte Leben der neu angekommenen französischen Emigranten in Kanada stützen.*

Bien que le texte parle très peu explicitement de la nature, on s'aperçoit que le terroir et les conditions de vie sont un aspect très important de la vie au Canada. Les hivers froids et les insectes embêtants en été ne sont qu'un aspect d'une nature impitoyable (l. 41/42). C'est pour cela que les gens qui habitent ce pays sont obligés de se débrouiller, d'être capables d'exercer différents métiers comme celui d'un agriculteur, d'un bûcheron ou d'un charpentier pour résister plus ou moins seul aux milles duretés de la nature (l. 55/56). Ce qui compte ici, ce ne sont pas de qualifications permettant une réussite professionnelle en France, mais des compétences qui permettent de faire face aux défis de la nature canadienne. Les interlocuteurs des trois Français se mettent à rire lorsqu'ils avouent être tous des analphabètes (l. 32) ; toutefois ils savent pertinemment qu'ils sont tout de même beaucoup plus aptes à réussir que les nouveaux venus parés de leur belle instruction.

En conclusion on peut dire que la nature au Canada n'est pas ce que les Français en attendaient. Ce n'est pas le lieu pur, sain et romantique qu'ils avaient imaginé, mais plutôt un environnement hostile qu'il faut assujettir pour pouvoir y vivre.

3. *Hinweis: Bei diesem Arbeitsauftrag handelt es sich um eine Gestaltungsaufgabe, bei deren Lösung Sie Ihre Fähigkeit beweisen sollen, eine fremde Perspektive zu übernehmen und im Rahmen dieser Konstellation textsortenadäquat zu formulieren. Beachten Sie dabei die im Ausgangstext enthaltenen Hinweise und schreiben Sie in diesem Sinne inhaltlich stringent.*

Chère Clotilde,

Cela fait maintenant une éternité que nous sommes arrivés ici, au Canada, et je ne suis toujours pas en mesure de te dire : « Ça y est ! Tu peux venir. Enfin, tout est réglé. » Au contraire, il y a des moments où je suis à bout de forces, où j'aurais envie de tout laisser tomber, d'avouer que notre projet était une formidable erreur, une fantaisie mal réfléchie qui a viré au cauchemar au moment décisif.

Hier soir, nous étions invités chez les Chapdelaine, tu sais, les voisins de Lorenzo qui nous a vendu le terrain, et là je me suis senti si mal à l'aise que j'ai eu envie de pleurer ou de me cacher quelque part pour que les autres ne voient pas notre malheur. Les garçons étaient sages, ils n'ont rien dit, mais eux aussi ils ont bien réalisé ce que moi j'ai ressenti clairement lors de cette triste soirée : Notre avenir n'est pas ici. Nous ne sommes pas faits pour la vie au Canada !

Les hommes autour de nous étaient tous des gens simples, mais en même temps ce sont des hommes forts et habiles, capables de résoudre n'importe quel problème, de résister au froid inhumain de l'hiver et aux autres défis de ce pays si rude et sans pitié. Eux, ils ont des mains énormes et des épaules impressionnantes tandis que moi, avec mes mains d'accordeur de pianos pleines de callosités, signes d'un effort qui reste malgré tout insuffisant.

Non, mon épouse bien aimée, si cet hiver nous vivons les mêmes expériences que l'année dernière, si les choses ne changent pas radicalement, on en tirera les conséquences, on vendra les terres pour pouvoir payer le passage de retour.

L'heure est venue d'admettre notre échec, il ne servirait à rien de fermer les yeux devant une réalité aussi évidente que celle que nous vivons ici.

Ton mari qui t'aime infiniment

Jules

Violet / Desplechin : « La vie sauve »

Le texte suivant est un extrait d'un récit autobiographique publié en 2005. Dans ce
texte, l'auteur décrit ses émotions et ses pensées après avoir su qu'elle a une maladie
mortelle, qu'elle n'aurait que quelques années à vivre.

Je me réveille tôt. J'ai tout le temps de réfléchir. En vérité, j'aimerais autant ne pas
réfléchir. Mais les pensées décident. Elles se pressent aux portes de ma conscience
comme de petits animaux affamés, elles piétinent, elles veulent que je les traite,
d'une manière ou d'une autre et sans tarder. Je m'y attelle avec un zèle de paysanne
5 qui s'occupe de traire ses chèvres. Je prends la première qui se présente : dans la terre
ou dans le feu ?

Personne ne le fera à ma place, il faut que je choisisse toute seule. Je n'aime pas
l'idée de la terre, mais, tout compte fait, je n'aime pas beaucoup non plus celle du
feu. Dans le fond, la grande question concerne les enfants : puis-je leur épargner
10 quelques épisodes particulièrement désagréables ? Si oui, sur quoi porteront les possibles économies ? Je compare : durée des opérations, caractère spectaculaire de la
mise en scène, disposition des acteurs et des figurants... Il y en a, du boulot, pour
ceux qui s'occupent tout seuls de leur mort.

Ma mère m'appelle. Elle a conduit mon grand-père choisir son caveau. Ce sont
15 des choses qu'il faut envisager, à partir d'un certain âge.

Il était très mal, me confie ma mère. On a passé un moment très dur.

Je veux bien le croire.

Allez, pour moi, ce sera l'incinération. On me répandra sur les vagues, du pont
d'un bateau. Je flotterai un instant dans le vent, puis, sur l'eau, je me mélangerai à
20 l'écume. Après je ferai sirène. Toute petite, je rêvais d'être sirène. J'enviais leur
costume, et leur nageoire caudale bleue, scintillante. Je nagerai au milieu des dau-
phins. Je dévierai les bateaux. C'est un projet qui m'a toujours plu, détourner les
bateaux. Filer avec un marin disparu.

J'ai voyagé en Inde, quand j'avais une vingtaine d'années. À Bombay, j'ai vu la
25 tour immense, à ciel ouvert et percée de casiers dans lesquels les vivants déposent
leurs morts, afin que les vautours peu à peu dispersent les corps dont l'âme peut
s'enfuir. J'ai vu les casiers, grands et petits, qui attendent les défunts. J'ai vu les
vautours, perchés sur la tour. Il m'a semblé que c'était une bonne façon de faire, de
penser tous ensemble à la mort et de s'y préparer ensemble. Je regrette que nous
30 ayons pris le parti, ici, de n'y penser jamais. Nous manquons de maîtrise. Peut-être
d'humanité.

Violet, Lydie/Desplechin, Marie : « La vie sauve ». © Éditions du Seuil, 2005

7

Annotations

l. 3	piétiner	*ici : dt.* mit den Füßen aufstampfen
l. 4	s'atteller à qc	*ici : dt.* sich an die Arbeit machen
l. 5	traire	*dt.* melken
l. 14	un caveau	*dt.* ein Grabmal
l. 20	une sirène	*dt.* ein Fabelwesen, das Seefahrer verführt
l. 26	un vautour	*dt.* ein Geier

Sujets d'étude

1. Faites le résumé du texte. *(30)*

2. « Mais les pensées décident. Elles se pressent aux portes de ma conscience comme de petits animaux affamés, elles piétinent, elles veulent que je les traite d'une manière ou d'une autre et sans tarder. » (l. 2–4) Expliquez et commentez ces phrases en vous référant à la situation de l'auteur. *(40)*

3. À la fin du texte, l'auteur décrit une façon d'inhumer les morts qu'elle a connue en Inde. Qu'est-ce que vous en pensez ? *(30)*

8

Lösungsvorschläge

1. **Hinweis:** *Die Aufgabenstellung verlangt die Erstellung eines Resümees. Achten Sie neben der Einhaltung der textsortenspezifischen Merkmale vor allem darauf, durch die Verwendung eigener Worte Ihr sicheres Textverständnis der sprachlich recht anspruchsvollen Textvorlage zu beweisen.*

Dans le texte intitulé « Le matin », il s'agit d'un chapitre du roman « La vie sauve », dans lequel l'auteur nous présente sa façon de vivre après le diagnostic d'une maladie mortelle. Dans le premier paragraphe, elle décrit comment les pensées de la mort s'infiltrent dans sa vie. Pour elle, ni la perspective d'être mise en terre, ni d'être brûlée paraissent acceptables ; elle veut surtout épargner à ses enfants une mise en scène longue et douloureuse. Finalement elle décide d'être brûlée pour ensuite être répandue sur la mer ; cela lui rappelle ses rêves d'enfance lorsqu'elle rêvait d'être une belle sirène qui détourne les bateaux.
Dans le dernier paragraphe, l'auteur nous parle d'une expérience faite lors d'un voyage en Inde. Elle y a vu que les gens déposaient leurs morts dans une grande tour, pour que les vautours puissent disperser les corps dont les âmes se sont envolées.

2. **Hinweis:** *Bei der Erläuterung des Textausschnittes geht es zunächst darum, dass Sie beweisen, den verwendeten bildhaften Vergleich (Gedanken = Tiere) verstanden zu haben. Anschließend sollten Sie Stellung zu der Situation der Protagonistin beziehen, zu ihren möglichen Ängsten und Hoffnungen und letztendlich zu Ihren eigenen Empfindungen zu diesem Thema.*

Dans les phrases citées dans la deuxième question il s'agit d'une image très vivante. Lorsque la narratrice compare ses pensées de la mort, ou plus exactement la représentation de ses funérailles, à de petites bêtes qui trépignent, qui veulent enfin avoir accès à sa vie, on imagine facilement une douzaine de petits chatons ayant faim ou un troupeau de brebis à la recherche de quelqu'un pour les traire.
L'auteur se sert de cette image pour décrire sa tentative de refouler tout ce qui retrait à sa maladie et le fait qu'elle va mourir, tentative le plus souvent vaine. Et pourtant je crois que cette tentative est bien naturelle et la seule façon d'organiser sa survie après un tel diagnostic. Quand on cesse de lutter contre les petits animaux, quand on laisse les pensées dominer toute sa vie, on est tétanisé, on perd son optimisme, sa force et finalement sa capacité de lutter contre la maladie dont on souffre. Cela ne veut bien entendu pas dire qu'on doive complètement censurer toute réflexion sur son avenir et ainsi sur sa propre mort. Mais il faut trouver le juste équilibre entre le refoulement et le danger d'être écrasé par le désespoir.
Non, je crois que la narratrice a bien raison d'essayer de garder des zones dans sa vie qui sont libres de réflexions sur la mort, des zones de passion, de distraction, pour vraiment s'immerger dans quelque chose d'autre, bien qu'il faille dire que la façon dont elle gère ces pensées dans la suite du texte me paraît extrêmement sobre et distanciée.

3. *Hinweis:* Die völlig offene Fragestellung des dritten Arbeitshinweises ermöglicht oder verlangt eine persönliche Stellungnahme von Ihnen. Versuchen Sie differenziert zu argumentieren und eine eindeutige Position zu beziehen, die nicht im Widerspruch zu Ihren unter Arbeitshinweis 2 gemachten Aussagen steht.

D'abord la façon de traiter ses morts, décrite dans le dernier paragraphe du texte donné, nous semble bien sûr extrêmement rude et cruelle. Nous, qui sommes imprégnés de culture chrétienne occidentale, nous associons quasi automatiquement à la mort un tombeau, un lieu où les survivants, la famille puissent aller, pour porter le deuil de quelqu'un ou juste pour se souvenir. Pour « se débarrasser » de la dépouille mortelle, nous ne connaissons que deux procédés : l'inhumation et l'incinération.

Mais lorsqu'on réfléchit plus profondément sur ce que la narratrice a vécu en Inde, on peut bien comprendre pourquoi elle le considère comme « une bonne façon de faire » (l. 28). Un bâtiment comme la tour de Bombay, décrite dans le texte, représente un lieu, où la mort est présente et visible pour tout le monde à chaque instant de la vie. Il représente en quelque sorte la capacité d'une société d'accepter le fait que nous sommes mortels. L'idée de donner aux vautours les corps des morts reste quand même étrange, mais peut-être surtout parce qu'on associe les charognards à un animal sale et méchant. Le fait d'être réintégré dans le cycle de la vie en soi ne devrait pas nous être étrange.

Voile : Florence Arthaud, maîtresse des océans

En gagnant la quatrième Route du rhum, dimanche 18 novembre à la nuit tombée à Pointe-à-Pitre, Florence Arthaud, sur son trimaran Pierre 1, est devenue la première femme victorieuse dans une course transocéanique. À la moyenne de 10,25 nœuds, elle a battu de près de six heures, en quatorze jours, dix heures, huit minutes, le re-
5 *cord établi quatre ans plus tôt par Philippe Poupon (Fleury-Michon) qui termine cette année en seconde position.*

C'est dans le flamboiement d'un coucher de soleil tropical projetant ses derniers rayons sur le grand trimaran aux reflets d'or et d'argent que Florence Arthaud a franchi ses derniers milles [...].

10 À 33 ans, Florence Arthaud succède à Mike Birch (1978), Marc Pajot (1982) et Philippe Poupon (1986) au palmarès de la Route du rhum [...].

Partie de Saint-Malo avec une minerve pour soigner une hernie discale aux vertè-bres cervicales, Florence Arthaud a pris la tête de la Route du rhum dès le quatrième jour de course alors que la flotte était déjà décimée par les dépressions de l'Atlan-

15 tique nord. Son mérite d'avoir su préserver cette position jusqu'au bout – si on ex-cepte le mardi 13 novembre où Philippe Poupon et Mike Birch lui ont brièvement succédé – est d'autant plus grand que les épreuves ne l'ont pas épargnée : pannes de son télex Standard C et de sa radio BLU qui l'ont privée de tout dialogue avec son « routeur » marseillais Louis Bodin pendant la deuxième semaine de course où, pour

20 ménager le fioul et l'énergie indispensables au fonctionnement de son pilote automa-tique, elle a dû passer plus de vingt heures par jour à sa barre et assumer sa propre navigation à partir des cartes météorologiques reçues sur un décodeur, d'un baro-mètre et de l'observation des nuages.

Une navigation « d'enfer »

25 Épuisée et au bord du renoncement, on comprend son émotion et son immense bonheur, lorsque le Breguet Atlantique de l'Aéronavale, envoyé pour le magazine télévisé « Thalassa » lui a appris en la survolant, vendredi 16 novembre, qu'elle était toujours en tête à moins de 500 milles de l'arrivée à Pointe-à-Pitre. « Je n'ai aucun contact avec personne depuis les Açores, disait-elle. Tu m'apprends que je suis en

30 tête, mais il faut que j'arrive vite. [...] J'ai eu un problème de pilote automatique aux Açores. J'ai trouvé la panne, mais je n'ai pas beaucoup de fuel et je suis rivée à la barre depuis cinq jours. [...] Je suis crevée. J'ai même failli abandonner car j'ai eu une hémorragie durant quarante-huit heures. Ça s'est arrêté tout seul avant que je tombe dans les pommes. J'ai été tellement fatiguée par mon hémorragie que j'ai dû

35 m'arrêter, mettre le bateau à la cape et aller dormir. Je tremble d'émotion d'ap-prendre que je suis en tête. Je n'y crois pas. Ce serait trop beau... » [...]

Dimanche, aux premiers rayons du soleil sur le grand trimaran, Florence pouvait enfin apercevoir au loin les reliefs de la Guadeloupe. Il lui restait à bien se remé-

11

morer les conseils prodigués quelques semaines plus tôt par François Ricard, un spé-
40 cialiste de la pêche au gros dans les parages, pour éviter les zones de calme et profiter
du moindre zéphyr qui lui permettrait de ne pas rester encalminée le long de la côte
sous le vent avant la remontée triomphale vers Pointe-à-Pitre.   *(551 mots)*

Arthaud, Florence : « Victorieuse de la quatrième Route du rhum, Maîtresse des oceans ».
© *Le Monde 20. 11. 90*

Annotations

l. 11	au palmarès	*dt.* auf dem Siegerpodest
l. 12	une minerve	*dt.* eine medizinische Halskrause
l. 12/13	une hernie discale aux vertèbres cervicales	*dt.* ein Bandscheibenvorfall in der Halswirbelsäule
l. 19	un routeur	*ici:* celui qui assure la navigation exacte
l. 26	le Breguet Atlantique de l'Aéronavale	un type d'avion de la marine française
l. 33	une hémorragie	*dt.* starker Blutverlust
l. 34	tomber dans les pommes	s'évanouir

Sujets d'étude

1. Présentez la prestation exceptionnelle de Florence Arthaud décrite dans le texte donné.   *(30)*

2. Analysez le comportement de Florence Arthaud face aux difficultés qui apparaissent pendant la course.   *(30)*

3. Choisissez l'un des sujets suivants.   *(40)*

   a) Qu'est-ce qui pousse des hommes ou des femmes à chercher de telles expériences limites qui des fois constituent un danger réel ?

   b) Votre meilleur(e) ami(e) vous propose de faire du saut à l'élastique avec lui/elle. Qu'est-ce que vous lui répondriez ? Écrivez une lettre pour expliquer votre décision.

Lösungsvorschläge

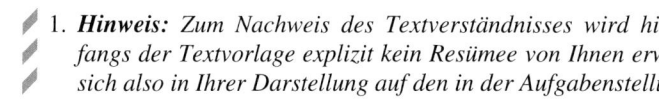 1. **Hinweis:** *Zum Nachweis des Textverständnisses wird hier angesichts des Umfangs der Textvorlage explizit kein Resümee von Ihnen erwartet. Beschränken Sie sich also in Ihrer Darstellung auf den in der Aufgabenstellung genannten Aspekt.*

Le texte donné est un extrait du quotidien « Le Monde » qui traite de la victoire triomphale de la Française Florence Arthaud lors de la quatrième régate transatlantique nommée Route du Rhum au mois de novembre 1990. Florence Arthaud n'est pas seulement la première femme ayant gagné cette régate entre la France et les Antilles, elle est en plus arrivée dans un temps record, près de six heures avant son rival masculin.

Le fait que Florence Arthaud ait pu remporter cette course est d'autant plus remarquable que la Française de 33 ans, surnommée maîtresse de l'océan, a dû surmonter des obstacles considérables avant d'arriver victorieuse après la course transocéanique.

Déjà en partant de Saint-Malo en Bretagne elle souffrait d'une hernie discale avant d'être presque obligée d'abandonner la course à cause d'une hémorragie durant deux jours en plein Atlantique. À ces problèmes sanitaires ce sont ajoutées des contrariétés techniques :

D'abord son télex et puis sa radio sont tombés en panne rendant impossible toute communication pendant la deuxième moitié de la course. Finalement, aux Açores, le pilote automatique a rendu l'âme obligeant la pilote à conduire son trimaran nommé Pierre 1 à la main pendant cinq jours.

2. **Hinweis:** *Diese Aufgabenstellung knüpft unmittelbar an die Ergebnisse der ersten Aufgabe an. Bleiben Sie bei der Analyse des Verhaltens der Protagonistin in der im Text vorgegebenen Reihenfolge und beweisen Sie detailliertes Textverständnis.*

Pour arriver première à Pointe-à-Pitre, Florence Arthaud a fait preuve non seulement de courage extraordinaire, mais aussi d'une volonté presque inconcevable pour surmonter des douleurs physiques ainsi que d'autres obstacles. Gênée par une minerve qu'elle a dû porter pour stabiliser sa colonne vertébrale au niveau cervical elle s'est tout de même mise en tête du classement dès le quatrième jour de l'épreuve.

Elle a ensuite su conserver cette position malgré les maints problèmes techniques. Ainsi elle n'a pas pu se servir des instruments de communication, ce qui l'obligeait à renoncer à toute information concernant la météo. Pour faire de l'économie de carburant, elle a dû passer plus de vingt heures par jour à sa barre pour conduire son trimaran et en même temps à naviguer à l'aide de cartes météorologiques et un baromètre. Cet effort est d'autant plus remarquable qu'elle était dans cette phase de compétition tellement affaiblie par une hémorragie qu'elle a craint à plusieurs reprises de perdre conscience.

Complètement à bout de ses forces et prête à renoncer à la compétition elle a su par le survol d'une avion de patrouille à 500 milles de l'arrivée que malgré toutes ces difficultés et grâce à son effort extraordinaire elle était toujours en tête de la course.

Finalement Florence Arthaud a su préserver son avance sur tous ses concurrents masculins parce que pendant la course entière elle s'est toujours défendue avec bravoure contre tout obstacle et parce qu'elle a fait preuve d'une volonté surhumaine de remporter cette victoire.

3. a) **Hinweis:** *Inhaltlich ist die Aufgabenstellung sehr offen formuliert. Versuchen Sie sich in Ihrer Antwort auf den Text und Ihre Ausführungen in den beiden ersten Teilen zu beziehen und argumentieren Sie strukturiert.*

Le fait qu'un homme seul ou dans le cas présent une femme seule soit capable de traverser l'océan atlantique à bord d'un trimaran minuscule montre de nouveau qu'apparemment la nature humaine cherche toujours de nouveaux défis.

Le progrès technique est toujours allé de pair avec des exploits spectaculaires d'un individu ou d'un groupe d'hommes qui ont démontré la volonté et le courage d'accomplir quelque chose d'exceptionnel.

Le départ de Christophe Colomb vers l'ouest, la conquête du pôle par Amundsen, Charles Lindbergh avec son premier vol transatlantique, ou encore l'équipe de la fusée Apollo 11 comme premiers hommes sur la lune pour ne citer que quelques exemples, ont montré que les hommes à la recherche de frontières à franchir étaient capable de contribuer quelque chose au développement et au progrès de l'humanité entière.

De nos jours c'est peut-être surtout l'essai de trouver une vraie aventure, de vraiment faire une expérience limite qui pousse les gens à prendre des risques, à dépasser les limites de la vie assurée contre tous les risques. Dans une société ou la vie entière est réglée voire réglementée, ce désir explique par exemple l'attraction des sports extrêmes comme le saut à l'élastique, l'escalade extrême ou encore le base-jump. Ces activités permettent aux individus de s'évader en quelque sorte du monde réel, de se procurer une dose d'amphétamine supplémentaire, de vivre une expérience unique, qui leur redonne peut-être le sentiment d'être vraiment en vie.

b) **Hinweis:** *Beachten Sie bei dieser Gestaltungsaufgabe bitte die textsortenspezifischen Merkmale des persönlichen Briefes, ansonsten gilt – ähnlich wie auch bei Aufgabe 3a –, dass es keine inhaltlichen Vorgaben gibt, sondern dass sich die inhaltliche Qualität Ihres Textes aus der Logik des Aufbaus und der Überzeugungskraft Ihrer Argumentation ergibt.*

Mon cher Jean,

Merci de m'avoir écrit, ça fait toujours du bien de recevoir du courrier de ta part. Ta proposition de passer une semaine de vacances ensemble l'été prochain m'a fait une grande joie. Mais ton idée de faire un stage de saut à l'élastique – je ne sais pas. Je trouve que c'est quand même un peu exagéré. D'abord,

14

je sais qu'un tel sport extrême coûte énormément cher et en plus, je trouve ça un peu absurde. Ce n'est pas vraiment que ça me fasse peur, bien qu'il me faille avouer que l'idée de sauter d'un pont 100 mètres au-dessus d'un petit ruisseau ne m'enthousiasme pas forcément. Je pense plutôt que je n'ai pas besoin de faire une telle expérience, que je considère en quelque sorte comme inhumaine, pour savoir que je vis encore. Les aventures et surtout les petits et grands plaisirs de ma vie quotidienne me suffisent pour apprécier mon existence.

Non Jean, vraiment pas. Si tu es tellement passionné par ce projet il va falloir que tu le fasses seul, sinon ça me plairait énormément de passer une semaine de vacances avec toi. On pourrait faire du vélo dans le Massif Central ou bien descendre la Dordogne en canoë ou encore les gorges de l'Ardèche si c'est pour se procurer un petit frisson.

Je t'embrasse bien fort

Stefan

Guène : « Kiffe kiffe demain »

Ma mère, elle s'imaginait que la France, c'était comme dans les films en noir et blanc des années soixante. Ceux avec l'acteur beau gosse qui raconte toujours un tas de trucs mythos à sa meuf, une cigarette au coin du bec. Avec sa cousine Bouchra, elles avaient réussi à capter les chaînes françaises grâce à une antenne expérimentale
5 fabriquée avec une couscoussière en Inox. Alors quand elle est arrivée avec mon père à Livry-Gargan en février 1984, elle a cru qu'ils avaient pris le mauvais bateau et qu'ils s'étaient trompés de pays. Elle m'a dit que la première chose qu'elle avait faite en arrivant dans ce minuscule F2, c'était de vomir. Je me demande si c'étaient les effets du mal de mer ou un présage de son avenir dans ce bled.
10 La dernière fois que nous sommes retournées au Maroc, j'étais égarée. Je me sou-viens des vieilles tatouées qui venaient s'asseoir à côté de Maman pendant les mariages, baptêmes ou circoncisions.
– Tu sais, Yasmina, ta fille devient une femme, il faudrait que tu penses à lui trouver un garçon de bonne famille. Tu connais Rachid ? Le jeune homme qui fait de
15 la soudure…
Bande de vieilles connes. Moi je le connais celui-là ! Tout le monde l'appelle « Rachid l'âne bâté ». Même les petits de six ans le mettent à l'amende et se foutent de sa gueule. En plus, il lui manque quatre dents, il sait même pas lire, il louche et il sent la pisse. Là-bas, il suffit que tu aies deux petites excroissances sur la poitrine en
20 guise de seins, que tu saches te taire quand on te le demande, faire cuire du pain et c'est bon, t'es bonne à marier. Maintenant de toute façon, je crois qu'on retournera plus jamais au Maroc. Déjà, on a plus les moyens et ma mère dit que ce serait une trop grande humiliation pour elle. On la montrerait du doigt. Elle croit que c'est de sa faute ce qui est arrivé. Pour moi, il y a deux responsables dans cette histoire : mon
25 père et le destin.

Guène, Faïza : « Kiffe kiffe demaim ». © Hachette Paris 2004

Annotations
l. 3	une meuf	*verlan* pour une femme
l. 8	un F2	un appartement à deux chambres
l. 9	un bled	expression péjorative pour un petit village
l. 10	égaré, e	perdu(e), troublé(e)
l. 17	un âne bâté	*dt.* ein beladener Esel
l. 19	une excroissance	*dt.* eine Wucherung

Sujets d'étude

1. Résumez le texte. *(20)*

2. « La dernière fois que nous sommes retournées au Maroc, j'étais égarée. » (l. 10)
   Expliquez cette citation et analysez l'attitude de la narratrice face au pays natal de ses parents. *(25)*

3. Expliquez pourquoi un retour au Maroc serait une trop grande humiliation pour la mère de la narratrice. *(25)*

4. « Pour moi il y a deux responsables dans cette histoire : mon père et le destin. » (l. 24/25)
   Commentez cette position de la narratrice et comparez-la à celle d'un caractère d'une autre œuvre étudiée en cours de français. *(30)*

Lösungsvorschläge

1. *Hinweis: Beachten Sie, dass Sie bei diesem Aufgabenapparat 4 Aufgabenteile zu bearbeiten haben und teilen Sie sich die Zeit entsprechend ein. Bedenken Sie, dass die Beantwortung der ersten Aufgabe nur 20 % einbringt und dass Sie für die Inhaltswiedergabe nach einem einleitenden Satz vielleicht noch 80 Wörter zur Verfügung haben. Fassen Sie sich also kurz und beachten Sie neben den bekannten Merkmalen der Textsorte vor allem das Gebot der Neutralität.*

Dans ce texte, extrait du roman « Kiffe Kiffe demain », une jeune femme, née en France de parents marocains, parle de l'arrivée de ses parents en France il y a 20 ans et de ses expériences faites lors de son dernier séjour au Maroc.
Lorsque ses parents sont arrivés en « terre de bénédiction » qu'ils ne connaissaient que des films des années 60, le petit appartement dans un village pourri a été pour eux une grande déception.
Pendant les séjours dans son pays natal, les femmes du village exercent de la pression sur la mère, essayant de la convaincre de marier sa fille à un propre à rien de là-bas, jusqu'à ce qu'elle décide de ne plus y retourner.

2. *Hinweis: Der vorgelegte Textausschnitt erschließt sich auch ohne Einleitung problemlos. Aus der Behandlung des Themas Immigration im Unterricht sind Ihnen die spezifischen Probleme der maghrebinischen Migrantenfamilien sicher geläufig. Dazu gehören zweifellos die hier dargestellten kulturellen Konflikte zwischen traditionellen Vorstellungen der Lebensführung in den Heimatländern und den Vorstellungen der in Europa aufgewachsenen zweiten und dritten Generation.*

La narratrice de cet extrait de roman s'est sentie mal à l'aise et un peu perdue lors de sa dernière visite avec ses parents dans leur pays natal. Elle, qui a grandi en France et qui a visiblement assumé plus ou moins le mode de vie français se voit confrontée à de vieilles femmes tatouées qui s'adressent à sa mère pour la convaincre qu'il faut impérativement marier sa fille. Pour elles, il n'est pas question qu'une jeune femme reste indépendante, sans mari, et pour préserver l'honneur de la famille, elles poussent la mère à arranger un mariage avec un jeune homme du village qui selon elle est analphabète, louche et sent la pisse (l. 13–19).
Yasmina, la mère, est déchirée entre les deux cultures. Elle se sent humiliée parce qu'elle n'est pas en mesure de satisfaire aux exigences de son entourage marocain. Mais sa fille ressent son identité menacée par un monde auquel, définitivement, elle n'appartient plus.

3. *Hinweis: Hier gilt im Prinzip das Gleiche wie für den zweiten Arbeitsauftrag. Reflektieren Sie den Konflikt der Mutter vielleicht auch vor dem Hintergrund anderer Ihnen aus dem Unterricht bekannter Beispiele.*

Yasmina, la mère de la narratrice, a quitté son pays d'origine, le Maroc, en 1984 pour commencer en France une nouvelle vie. À l'époque la France était pour elle le paradis sur terre, un monde nouveau, où on pouvait vivre sans le moindre souci ni financier ni autre. Mais elle a vite compris que la réalité ne correspondait pas du tout à ses rêves. Elle a sûrement vécu tous les problèmes typiques des travailleurs immigrés liés au racisme quotidien de la société française.

Mais malgré tout cela elle a toujours dû défendre sa décision de quitter le Maroc vis-à-vis d'elle-même et de sa famille marocaine, et de plus en plus elle a dû aussi défendre son identité et sa fierté vis-à-vis de sa fille pour qui les liens avec la famille et la tradition ne jouaient peut-être plus un rôle important.

C'est dans ce contexte qu'il faut voir le conflit décrit dans ce passage du texte. La mère ne supporte plus la tension entre les deux mondes qui remet en question les décisions les plus importantes de sa vie.

4. *Hinweis: Die letzte Aufgabe ist hier wieder eine offenere Anforderung. Denken Sie daran, dass der Operator „commenter" im dritten Anforderungsbereich durchaus Ihre persönliche Stellungnahme erfordert. Der Vergleich sollte sich wie in der Aufgabenstellung gefordert auf die Frage nach der Verantwortung für die eigene Situation beziehen.*

La citation est la dernière phrase de l'extrait de texte. Avec cette phrase, la narratrice nie la responsabilité de sa mère pour tout « ce qui est arrivé » (l. 24). Pour elle, c'est d'abord son père le responsable lorsqu'il a décidé la rupture de la vie commune de ses parents – ce qui est peut-être un peu injuste mais tout au moins en contradiction avec le contenu des premières lignes, où elle décrit les motifs un peu naïfs de sa mère d'aller en France. En plus, elle cite « le destin » (l. 25) c'est à dire quelque chose d'indéfini.

En tout cas la narratrice fait preuve d'une grande solidarité avec sa mère qu'elle absout de toute responsabilité, peut-être parce qu'elle se sent très proche d'elle.

Cela me fait penser au protagoniste d'une autre histoire que nous avons lue en cours de français. C'est Anne, l'héroïne du roman « Anne ici, Sélima là-bas ». Cette fille, née de parents algériens dans une banlieue marseillaise nie sa double identité et s'appelle Anne ou Sélima selon la situation. Sélima vit des expériences comparables à celles de la narratrice mais pour elle c'est surtout le père qui sert de point de repère. Dans sa famille, la mère qu'on avait mariée très jeune, joue un rôle plutôt passif et ne comprend pas vraiment les ambitions et les désirs de sa fille. Sélima se révolte contre les restrictions qu'on lui impose, jamais elle n'accepterait que son destin soit responsable de sa situation.

Bondoux : « La vie comme elle vient »

Le texte suivant est un extrait du roman « La vie comme elle vient » d'Anne-Laure Bondoux, publié à Paris en 2004. Dans ce roman l'auteur décrit la vie bouleversante de deux sœurs, Mado, 15 ans et Patty, 20 ans qui, après la mort de leurs parents dans un accident, essayent de maîtriser leurs vies ensemble. Patty a donné vie à un enfant, Robinson, que le père, Luigi, garde régulièrement.

– Arrête de parler d'eux. Je n'ai pas besoin de souvenirs, Mado.

– Mais si, protesté-je. On a besoin de souvenirs. Il faudra qu'on se rappelle tout, chaque détail… Tu sais, je me suis aperçue que leurs visages deviennent flous quand je pense à eux. C'est comme si les contours disparaissaient à mesure que le temps

5 passe. J'ai peur de les oublier pour de bon.

– Arrête, Mado.

Je secoue la tête :

– Ils me manquent trop ! Je veux parler d'eux, je veux…

Je me lève d'un bond, avec un morceau de plomb dans la gorge, et je me précipite

10 vers la bibliothèque, là où sont entreposés les albums. J'en saisis un, au hasard.

– Puisqu'on a décidé de ne pas aller au cimetière aujourd'hui, je veux au moins regarder les photos ! C'est leur anniversaire, quand même ! Il faut bien leur montrer qu'on pense à eux !

Patty fait un mouvement brusque. Son pied cogne les flacons de vernis, qui se

15 renversent sur la table basse.

– Et merde ! crie-t-elle.

Deux taches de couleur se répandent et se mêlent : du noir et du rose bonbon pâteux. Je reste figée, l'album serré contre ma poitrine.

– Va chercher une éponge ! hurle Patty, les yeux débordant de larmes.

20 Je me précipite dans la cuisine. Lorsque je reviens avec l'éponge, Patty est roulée en boule sur le canapé, le corps secoué de spasmes violents. Je m'effondre devant la table, accablée de chagrin.

– Excuse-moi, sangloté-je, excuse-moi…

Nous restons ainsi de longues minutes, à pleurer, à gémir, tandis que l'éponge ab-

25 sorbe le vernis et que le poids du chagrin nous écrase, méthodiquement, avec ses énormes semelles froides et terrifiantes.

Et c'est à ce moment-là que Luigi sonne à la porte.

Nos sanglots s'arrêtent net. Patty me dévisage, catastrophée.

– J'y vais, dis-je en essuyant mes joues avec la manche de mon pull.

30 Il me faut une énergie incroyable pour parvenir jusqu'à la porte, pour tourner le verrou et pour ouvrir. Luigi, rayonnant, se tient debout sur le palier, avec Robinson dans les bras. En voyant ma tête ravagée, il se décompose.

– Oh, dit-il seulement.

Je ravale mes dernières larmes et, d'un signe de tête, l'invite à entrer dans l'ap-
35 partement. Du pied, Luigi pousse le gros sac en tissu et le baby-relax à l'intérieur.
Dans les plis de son anorak, le visage rose de Robinson ressemble à une fleur toute
fraîche. Je prends une grande goulée d'air et parviens même à lui sourire.
– Bonjour, Pat… murmure Luigi en s'approchant du canapé.
Ma sœur n'est plus qu'un tas de chiffons, une poupée, une marionnette déglinguée
40 qui roule des yeux perdus. Je viens poser mes mains sur ses épaules et je regarde
Luigi :
– On est le 12 octobre, dis-je en manière d'explication.
Les gros sourcils de Luigi se rejoignent, se lèvent sur son front, puis retombent de
chaque côté de ses yeux. Il vient de comprendre. À côté de Patty, les flacons renver-
45 sés, l'éponge et l'album de photos témoignent de notre bouleversement.

Bondoux, Anne-Laure : « La vie comme elle vient ». Paris : L'école des loisirs 2004.

Annotations

l. 18 pâteux, -se	liquide et qui coule très lentement
l. 18 figé, e	immobile, sans bouger
l. 26 les semelles	*ici:* la lourdeur
l. 32 se décomposer	changer d'attitude
l. 37 prendre une grande goulée d'air	respirer profondément
l. 39 déglingué, e	*ici:* en total désordre moral

Sujets d'étude

1. Exposez la situation des deux protagonistes, Patty et Mado telle qu'elle
   se présente dans ce passage du roman « La vie comme elle vient ». *(30)*

2. Décrivez la façon dont les protagonistes subissent la mort de leurs
   parents. *(30)*

3. Commentez le comportement de Patty. Quels dangers ou problèmes
   verriez-vous dans une situation pareille ? *(40)*

Lösungsvorschläge

1. **Hinweis:** *Bei der ersten Arbeitsanweisung wird davon ausgegangen, dass Ihnen die Romanvorlage unbekannt ist. Zur Hilfe bei der Orientierung und zur Einführung in den Kontext dient der kurze einleitende Text. Auf dieser Grundlage sollten Sie die geforderte Leistung ohne größere Schwierigkeiten erbringen können. Denken Sie daran, dass kein umfassendes Resümee von Ihnen verlangt wird, sondern dass Sie den Schwerpunkt der Textverständnisaufgabe auf die Darstellung der Situation der beiden jungen Frauen legen sollen. Achten Sie bereits hier unbedingt darauf, nicht die Antwort auf die zweite Aufgabe vorwegzunehmen.*

Le texte donné est un extrait d'un roman publié en 2004. Dans ce texte l'auteur raconte la vie de deux sœurs, dont les parents sont morts dans un accident de voiture. L'extrait présent nous fait vivre la situation de Patty et de Mado un an après cet événement tragique qui a marqué un tournant de la vie de ces deux jeunes femmes. Pour elles tout tourne autour de leurs parents morts.

Elles vivent ensemble avec le bébé de Patty, Robinson, dans un appartement plein de mémoires, plein de souvenirs. Apparemment Patty s'occupe de sa petite sœur de 15 ans bien que dans cette scène Mado apparaisse comme la plus mûre, la plus stable des deux sœurs.

Le père de Robinson, un jeune homme qui s'appelle Luigi, ne vit pas avec Patty et sa sœur. Il vient pour ramener Robinson qu'il a évidemment gardé un certain temps. Il éprouve beaucoup de compréhension pour la situation de Patty qui n'est visiblement guère capable d'organiser sa vie et celle de son fils.

2. **Hinweis:** *In der zweiten Aufgabe geht es darum, aus dem gegebenen Text den unterschiedlichen Umgang der beiden Protagonistinnen mit ihrer Lebenssituation herauszuarbeiten. Zusätzlich von großer Bedeutung ist der offensichtliche Wendepunkt im Verhalten der beiden, als Patty versehentlich den Nagellack umwirft. Von diesem Augenblick an verliert sie völlig die Fassung und erscheint nicht mehr als die „größere Schwester", sondern vielmehr als mindestens genauso hilflos und mit der Situation überfordert wie Mado. Illustriert werden diese beiden Verhaltensweisen durch die beiden Nagellackfarben rosa und schwarz, deren Ineinanderfließen die Ambivalenz der Situation der beiden Frauen repräsentiert.*

Patty et Mado vivent leur situation difficile complètement différemment. Au début du texte, Patty semble beaucoup plus sereine que sa petite sœur. Elle prétend ne pas avoir besoin de souvenirs (l. 1) tandis que Mado cherche la confrontation avec l'image de ses parents. Elle va chercher les albums avec leurs photos pour éviter que « leurs visages deviennent flous » (l. 3) quand elle pense à eux.

Cette impression se relativise lorsque Patty renverse accidentellement deux flacons de vernis. Cet événement banal suscite une réaction dramatique. Patty perd complètement le contrôle sur son corps, elle est secouée de spasmes violents. Maintenant c'est Mado qui réagit concrètement, qui cherche une éponge et essaye de s'excuser auprès de Patty avant d'être, elle aussi, écrasée par la douleur et le

22

chagrin (l. 21/22). Lorsque Luigi sonne à la porte, c'est elle qui trouve la première la force d'aller ouvrir la porte. Quand elle voit sa sœur encore complètement désorientée elle lui met les mains sur les épaules et trouve des mots pour expliquer la situation à Luigi.

En conclusion on peut dire que les deux jeunes filles oscillent entre une relative stabilité et une perte complète de sang-froid, entre une perspective positive représentée par la naissance de Robinson et leur effort pour assumer les événements tragiques d'une part et le retour à un deuil uniquement négatif et tourné vers le passé.

Ces deux aspects de leur façon de vivre avec leur situation sont en quelque sorte représentés dans le texte par l'image des deux couleurs de vernis, le noir et rose bonbon qui se répandent et se mêlent (l. 17).

3. **Hinweis:** *Achten Sie bei der Beschreibung fiktiver Ereignisse auf die korrekte Verwendung der modalen Funktion des „conditionnel" und gegebenenfalls der Bedingungssätze.*

Heureusement un événement comme la mort de mes parents ou de quelqu'un d'autre de mes proches m'a été épargné pour l'instant. C'est pourquoi il m'est difficile d'imaginer mon comportement face aux problèmes et aux conséquences à surmonter dans une telle situation.

À mon avis on peut dire que l'essentiel est d'une part de ne pas fuir la situation mais d'être prêt à la gérer et d'autre part de ne pas s'isoler, mais de renforcer ses contacts sociaux ou même de chercher une assistance psychologique.

Cela ne sert à rien de refouler des événements ou des expériences négatifs. Je suis persuadé qu'il faut les assumer pour enfin pouvoir s'en débarrasser. Pour en avoir la force et regagner la stabilité, la plupart des gens ont sûrement besoin d'aide, de soutien soit d'amis soit de psychologues, en un mot de professionnels qui s'y connaissent et qui sont capables de donner les bons conseils au bon moment. Quand on est seul, on risque vraisemblablement de se perdre dans des réflexions inadéquates pour retrouver son identité après une expérience aussi bouleversante.

C'est exactement ce qu'on peut voir lorsqu'on analyse de plus près le comportement de Patty. Elle essaie de « fonctionner », d'être là pour son fils et aussi pour sa sœur mais elle s'écroule complètement quand Mado évoque le souvenir de leurs parents. Si elle avait consulté un psychologue ou un médecin, elle aurait peut-être eu la chance d'assumer les expériences pénibles au lieu de refouler son chagrin.

Malet : « Les enquêtes de Nestor Burma »

Après avoir fouillé un mort qu'il a trouvé dans un appartement dans la rue Berton, le détective privé Nestor Burma hésite quelque temps avant de téléphoner au commissaire Florimond Faroux, chef de la section criminelle à la Police Judiciaire.

Je me redressai et contemplai le mort.

Le charger sur mon dos et aller le balanstiquer à la Seine, cette vieille bonne serviable Seine ! Mieux ! l'enterrer dans le jardin ou la cave, s'il y en avait une. Ce serait simple, sinon de bon goût, et ça couperait court à tout. On soignerait Suzanne.
5 Ça devait se soigner. Tu parles ! C'est toi qui devrais te soigner, Nestor Burma ! Oui, certainement.

Je lui remis tout son bazar en fouille.

– À tout à l'heure, mon pote, dis-je.

Ma voix glissa sur lui et alla mourir – elle aussi – contre les plis des rideaux de
10 velours, en rendant un son malheureux.

Je regagnai la rue.

À l'est, une traînée blanche commençait à grignoter la nuit. Comme toujours aux premières heures matinales, la fraîcheur était plus sensible. Je frissonnai et relevai le col de mon veston. Dans les arbres de l'ambassade de Turquie, les oiseaux, qui en
15 avaient suffisamment bavé pendant ce rude hiver, s'égosillaient, saluant l'aube naissante d'une autre journée printanière, vifs, légers et insouciants. Heureux piafs ! Gavroches à plumes ! Moi, je me sentais la gueule pâteuse, brûlée par le tabac.

Tournant le dos à ma bagnole, que j'avais laissée à l'autre bout, au pied de l'escalier, je continuai à descendre la rue Berton, vers l'avenue Marcel-Proust et la
20 rue d'Ankara. Un peu après le coude, presque devant l'entrée en encorbellement de l'ambassade de Turquie, je glissai sur une flaque d'huile qu'une voiture en stationnement à cet endroit avait répandue sur la chaussée et faillis me répandre moi-même. Par la rue d'Ankara, j'atteignis le quai de Passy. Une humidité pénétrante montait du fleuve. Tout était d'un gris sale, d'une dégueulasse couleur blême. Une auto passa,
25 rapide comme une hirondelle, heureuse d'avoir l'espace pour elle toute seule, déplaçant de l'air comme pas une et soulevant un journal abandonné qui vint se coller à mes jambes cotonneuses.

Les deux bistrots qui se font face, chacun à un angle de la rue de l'Alboni, sous le viaduc du métro – le tabac où j'étais allé la veille, et un autre bistrot –, étaient
30 fermés. Il était encore très tôt, mais le métro n'allait pas tarder à reprendre son trafic. Des lumières clignotaient à la station aérienne de Passy. Les rames rouleraient bientôt, emportant vers les usines leur première cargaison d'humanité travailleuse ensommeillée. De l'autre côté de l'eau, la tour Eiffel montait sa garde vigilante, le sommet de sa carcasse parfois d'une irréelle netteté, parfois floue. Mes châsses
35 fatigués, qui jouaient au mirage.

À quelques pas des bistrots clos, sur l'avenue de New York, qui n'est que la prolongation du quai de Passy, un garage à demi ouvert manifestait quelques signes de vie. Dans une loge vitrée, un type en blouse blanche attendait les événements. Il m'autorisa à utiliser son téléphone, malgré le col relevé de mon veston, mes mains

40 crasseuses et la bouille en papier mâché que j'arborais. Je composai le numéro personnel de Florimond Faroux. Au bout de trois sonneries, on décrocha et une voix râpeuse brailla :

– Alors quoi ?

Malet, Léo : « Les enquêtes de Nestor Burma ». © Robert Laffont, Paris 1985, S. 154/155

Annotations

l. 2	balanstiquer	*arg./fam.* du verbe balancer (jeter)
l. 12	grignoter	manger / détruire qc petit à petit
l. 15	s'égosiller	chanter le plus fort possible
l. 17	Gavroche	personnage dans un roman de Victor Hugo, synonyme du cliché du gamin de Paris
l. 24	blême	d'une blancheur maladive
l. 27	cotonneux, -se	semblable à de la ouate
l. 31	une rame	*ici :* un train de métro
l. 34	une châsse	*ici :* un œil
l. 42	brailler	dire qc de voix très haute

Sujets d'étude

1. Présentez la situation dans laquelle se trouve Nestor Burma. *(30)*

2. Choisissez l'un des sujets suivants. *(40)*

   a) Faites le portrait de la ville de Paris au petit matin telle qu'elle est décrite dans cet extrait de texte.

   b) Analysez le comportement du protagoniste après avoir trouvé le corps.

3. Imaginez le dialogue entre Nestor Burma et Florimond Faroux. *(30)*

Lösungsvorschläge

1. *Hinweis: Die erste Aufgabe gilt immer dem Nachweis des Textverständnisses. Der vorliegende literarische Textauszug enthält allerdings fast keine Handlung im engeren Sinne, die in einem Resümee abgefragt werden könnte und ist sprachlich recht anspruchsvoll. Verzweifeln Sie nicht, wenn Sie nicht gleich alles verstehen und konzentrieren Sie sich auf den in der Aufgabenstellung erfragten Aspekt. Beachten Sie vor allem, Überschneidungen mit anderen Bearbeitungshinweisen zu vermeiden. Diese Gefahr besteht hier vornehmlich im Hinblick auf die Aufgabe 2b. Verzichten Sie also im ersten Teil auf jeglichen Kommentar, beschränken Sie sich auf eine neutrale Darstellung der Rahmenbedingungen und nutzen Sie die Informationen aus der Einleitung.*

Auch wenn kein Resümee gefordert ist, orientieren Sie sich hinsichtlich des Textumfangs an einem Drittel des Ausgangstextes.

Le détective Nestor Burma a découvert un corps dans un appartement parisien. D'abord il songe à se débarrasser du mort en le jetant dans la Seine ou en l'enterrant en cachette, mais il se ravise et il quitte l'immeuble et se promène à l'aube dans la ville qui s'éveille.

Au lieu de prendre sa voiture il descend la rue Berton à pied dans le froid. Le chant des oiseaux et la fraîcheur matinale contrastent avec sa mine épuisée par une nuit blanche. Devant l'entrée de l'ambassade de Turquie il manque de tomber, après avoir glissé sur une tache d'huile répandue sur la chaussée par une voiture qui perd de l'huile.

Quand il arrive au bord de la Seine, il ressent l'humidité qui monte du fleuve. Les quelques voitures qui circulent déjà dans les rues, profitent de l'absence d'autres voitures pour rouler vite. Les bistrots où il a acheté des cigarettes la veille sont encore fermés et même le métro n'a pas encore commencé à transporter les ouvriers vers les usines.

Finalement il trouve un garage qui vient d'ouvrir où on lui permet de téléphoner au commissaire Faroux pour l'informer de sa découverte d'un cadavre.

2. *Hinweis: Im zweiten Teil steht die Textanalyse im Vordergrund. Hier sollten Sie direkt auf Ihnen relevant erscheinende Textpassagen verweisen.*

a) Le texte ne relate que très peu d'activités. Par contre il dresse un portrait quelque peu mélancolique d'une capitale qui s'éveille sous la fraîcheur matinale.

D'abord, l'auteur emploie des tournures plutôt poétiques et positives pour décrire les premières lueurs du jour (l. 12). Bien que le protagoniste ait besoin de se protéger du froid en relevant le col de son veston, le chant des oiseaux est heureux et vif, léger et insouciant, annonçant une journée printanière (l. 16). Mais au cours de la description de la promenade de Nestor Burma, la ville devient de plus en plus hostile ou énigmatique. La flaque d'huile menaçante, laissée par une voiture comme symbole de la métropole suit l'humidité pénétrante (l. 23) de la Seine. Burma perçoit un environnement hostile, sale ou même dégueulasse (l. 24). De plus une auto soulève un journal jeté, une ordure qui colle à ses jambes et le gêne pour marcher. Le métro est considéré comme un moyen de transport qui dévore une « cargaison d'humanité travailleuse ensommeillée » (l. 32/33) ce qui renforce le caractère en quelque sorte misanthrope de la capitale. Finalement la tour Eiffel, symbole incontestable de Paris, oscille entre irréelle netteté et flou, reflet des yeux fatigués du narrateur qui jouent au mirage.

En résumé on peut ainsi dire que la ville de Paris est présentée de façon ambiguë. D'un côté, on ressent une certaine passion de l'auteur pour la capitale qui se retrouve aussi dans la description minutieuse du chemin parcouru par le flâneur matinal. En revanche il y a une perspective sceptique qui est surtout renforcée par un protagoniste qui souffre des marques évidentes d'une nuit blanche.

b) *Hinweis: Bei dieser Variante der Textanalyse steht der Ich-Erzähler im Fokus der Analyse, der bei 2a nur am Rande bedeutsam war. Beziehen Sie alle Informationen des vorgelegten Textes ein und spekulieren Sie hinsichtlich der Motive seines Verhaltens.*

Le détective privé, Nestor Burma, se trouve confronté à un corps mort dans un appartement rue Berton à Paris. Sa réaction est équivoque. D'un côté il veut s'en débarrasser, de l'autre côté il fait preuve d'une certaine sympathie pour le mort. Avant de partir, il lui dit adieu et l'appelle même son copain (l. 8).
Bien qu'il soit déjà très tard dans la nuit, Burma ne prend pas sa voiture pour rentrer chez lui. Il préfère traverser la capitale à pied, évidemment à la recherche d'un peu de distraction. Pendant son parcours il se laisse porter par ses pas à travers le 16ème arrondissement de Paris, apparemment sans but précis. À cause de la fatigue et peut-être aussi de son trouble il perçoit ses alentours comme au travers d'un voile. La fraîcheur matinale le fait frissonner (l. 13) et il souffre des effets de la nuit blanche (l. 17).
En même temps il renonce à informer immédiatement la police de sa découverte et attend jusqu'à ce qu'il trouve par hasard un garage venant d'ouvrir, d'où il peut téléphoner à son interlocuteur de la police, l'inspecteur Faroux. Peut-être qu'il voulait d'abord garder sa découverte pour lui pour avoir de l'avance sur son concurrent de la police. Peut-être même qu'il a déjà un soupçon en ce qui concerne l'auteur du crime.
En tout cas Nestor Burma, d'après ce passage du texte, reste un personnage énigmatique, dont le comportement n'est pas tout à fait compréhensible.

3. *Hinweis: Bei dem dritten Arbeitshinweis handelt es sich um eine klassische Gestaltungsaufgabe. Das bedeutet weitgehende inhaltliche Freiheit, wobei Sie jedoch die aus der Einleitung und aus dem Textausschnitt erschließbaren Informationen und Anregungen selbstverständlich nutzen sollen, um ein schlüssiges Ergebnis zu erzielen. Achten Sie auch auf inhaltliche Festlegungen im Verhältnis der beiden Figuren, die Sie möglicherweise im Teil 2b bereits getroffen haben.*

FAROUX : Alors quoi ?

BURMA : C'est vous Faroux ?

FAROUX : Et oui, qu'est-ce que vous voulez Burma. Il n'est même pas six heures du matin. Déjà de mauvaises nouvelles à cette heure-ci ?

BURMA : Ça dépend. Cette nuit j'ai eu un appel. C'était Dutronc. Il m'a parlé d'un macchabée, 25, rue Berton.

FAROUX : Et alors. Vous y êtes allé ?

BURMA : Bien sûr que oui. Et effectivement j'ai trouvé notre vieux Yves Bénech dans un appartement au quatrième étage avec une balle dans la tête.

FAROUX : Yves Bénech, ce n'est pas grâce à lui que l'année dernière vous avez pu confondre Clément, ce petit voyou ?

BURMA : Si, si, c'est bien lui. Écoutez Faroux. Donnez-moi encore six heures, avant de mettre en route toute votre section, il me faut encore régler deux ou trois choses avant que tout le monde sache que Bénech nous a quittés.

FAROUX : Mais comment est-ce que vous voulez que j'arrête mon appareil ?

BURMA : Tout simplement, je vous rappelle à midi et ce petit entretien matinal n'a jamais eu lieu.

FAROUX : Et qu'est-ce que vous comptez faire pendant ce temps ?

BURMA : Écoutez, la semaine dernière j'ai vu Bénech dans une situation très désagréable. Un entretien avec les copains de Clément qui risquait de déraper à tout moment. J'aimerais en parler à cette racaille avant que…

FAROUX : Midi pile et pas une seconde de plus. À tout à l'heure mon vieux.

BURMA : À tout à l'heure !

Expliquer l'eau par l'eau

Le manifeste « Pour une littérature-monde en français », publié dans « Le Monde des livres » du 15 mars, est affligeant à un double titre : il constitue d'abord un « sabordage » de la part d'écrivains francophones qui, au lieu de brandir l'étendard de la francophonie, célébrée lors du dernier Salon du livres et défendue avec ardeur par
5 des millions de personnes, tentent de la « ringardiser » et sèment le doute dans les esprits, alors même que la plupart d'entre eux font partie d'institutions francophones ou de jurys de prix francophones. Il comporte, d'autre part, des erreurs inacceptables qu'il est nécessaire de dissiper : le fait que les principaux prix français couronnent cette année des écrivains « d'outre-France » n'est nullement une « révolution coper-
10 nicienne ». Ce phénomène n'est pas nouveau : au cours des quinze dernières années, plusieurs auteurs étrangers d'expression française, dont Amin Maalouf et Tahar Ben Jelloun, ont obtenu d'importantes distinctions littéraires. […]
  Du reste, comment peut-on, en partant de ce constat, annoncer la « fin de la francophonie », alors que ces prix, à supposer qu'ils représentent vraiment le baromètre
15 de la littérature contemporaine, témoignent au contraire de la vitalité de la francophonie ? La notion de « littérature-monde en français » ne veut rien dire, elle n'est qu'une périphrase de la francophonie qui est l'ensemble de ceux qui, aux quatre coins du monde, ont le français en partage. « Il a expliqué l'eau par l'eau », dit un proverbe libanais. C'est de cela, précisément, qu'il s'agit ici. Car qu'est-ce que la
20 francophonie sinon la langue française « ouverte sur le monde et transnationale », c'est-à-dire la définition même qu'on veut donner à la « littérature-monde en français » ? Et qu'est-ce que la francophonie, sinon cette « constellation » revendiquée par le manifeste et le refus d'un pacte « exclusif » avec la nation française au profit d'un pacte universel pour la défense d'une langue française menacée, mais toujours
25 synonyme de liberté et d'ouverture sur le monde ? […]
  La francophonie n'est pas une langue à part, elle n'est pas, ou n'est plus, un « avatar du colonialisme ». Au Liban, la langue française était parlée avant le Mandat français et se porte toujours très bien, soixante ans après le départ des troupes françaises du Levant. Un Libanais, un Québécois ou un Algérien qui s'exprime en fran-
30 çais est francophone, au même titre qu'un Français de Paris, de Bretagne ou de Marseille. Tous appartiennent à une même famille ayant une langue et des valeurs en commun. […] Le sentiment que nous avons, nous autres, écrivains francophones vivant à l'étranger, c'est que nos collègues qui s'installent en France, dès lors qu'ils décident de s'intégrer dans la vie française, ne supportent plus qu'on ne les assimile
35 pas aux auteurs français et revendiquent la « normalité », alors que l'enjeu n'est pas là : la francophonie est notre dénominateur commun, elle n'a rien de honteux, elle n'a pas besoin d'être intégrée, puisqu'elle intègre déjà, et que, loin de diviser, elle réunit. Que nous importe l'exemple britannique ! Il existe entre les pays qui ont le français en partage d'autres considérations, historiques, affectives, humaines, qui font de la

40 francophonie un concept spécifique, inimitable, qu'il serait faux de vouloir reconsidérer par référence au modèle anglo-saxon qui complexe encore nos intellectuels et
qui cherche à gommer, au nom de la mondialisation prônée par l'Amérique, la diversité culturelle et le dialogue interculturel que favorise justement la francophonie.
    Les personnalités qui ont signé le manifeste en question ont sans doute voulu
45 insister sur l'apport des écrivains venus d'ailleurs à la langue française, et leur initia-
tive est, en soi, très louable. Mais en souscrivant aux syllogismes et aux analyses ap-
proximatives du rédacteur du manifeste, ils sont tombés dans le piège du dénigrement
de la francophonie, alors que celle-ci, devenue une réalité incontournable [...].

Najjar, Alexandre : « Expliquer l'eau par l'eau ». © Le Monde 30. 03. 07

Annotations

l. 2	affligeant	*dt.* peinlich
l. 2/3	un sabordage	*ici :* une volonté de se nuire
l. 9/10	une révolution copernicienne	*dt.* eine kopernikanische Revolution, etw. grundlegend Neues
l. 27	un avatar	*dt. hier:* ein unangenehmes Überbleibsel
l. 29	le Levant	*ici :* le proche-Orient
l. 36	le dénominateur commun	*dt.* der gemeinsame Nenner
l. 46	louable	*dt.* löblich
l. 46	un syllogisme	*dt. hier:* ein Scheinargument
l. 47	le dénigrement	*dt.* die Schmähung

Sujets d'étude

1. Présentez les arguments que l'auteur évoque pour rejeter les positions du
   manifeste « Pour une littérature-monde en français ».   *(30)*

2. « Il existe entre les pays qui ont le français en partage d'autres considérations, historiques, affectives, humaines, qui font de la francophonie un
   concept spécifique, inimitable, qu'il serait faux de vouloir reconsidérer
   par référence au modèle anglo-saxon qui complexe encore nos intellectuels et qui cherche à gommer, au nom de la mondialisation prônée par
   l'Amérique, la diversité culturelle et le dialogue interculturel que favorise justement la francophonie. » (l. 38–43)
   Expliquez et commentez cette phrase.   *(40)*

3. Rédigez une réponse à l'article d'Alexandre Najjar en vous référant à ses
   arguments principaux.   *(30)*

Lösungsvorschläge

1. **Hinweis:** *Der Arbeitsauftrag verlangt von Ihnen, die wichtigsten Kritikpunkte des Verfassers an dem genannten Manifest herauszuarbeiten; eine recht anspruchsvolle Aufgabe, besonders deshalb, weil Sie den Text des Manifestes ja nur implizit erschließen können. Dennoch sind die Argumentationslinien so eindeutig aufgebaut, dass Sie die Aufgabe, sicheres Textverständnis vorausgesetzt, lösen können sollten.*
Markieren Sie sich die Argumente direkt in der Textvorlage, präsentieren Sie sie dann in der vorgegebenen Reihenfolge und denken Sie daran, sich jede wertende Stellungnahme für den zweiten Arbeitsauftrag „aufzubewahren".

Le texte présent est un article paru dans le quotidien renommé « Le Monde » au mois de mars 2007. Dans ce pamphlet son auteur, apparemment un écrivain, critique ouvertement ses collègues de langue française pour avoir signé le manifeste « Pour une littérature-monde en français », cité dans la question.

Il les accuse de mettre en question la notion de la francophonie bien que celle-ci soit célébrée et soutenue par des millions de personnes. Il considère leur comportement d'autant plus hypocrite que la plupart d'entre eux font partie d'institutions francophones. Najjar n'accepte pas la critique selon laquelle les prix littéraires vont uniquement aux auteurs qui ne sont pas issus de la France métropolitaine parce que cela d'après lui aurait toujours été comme ça et en plus ces prix seraient d'une valeur douteuse.

Son argument principal est que le but essentiel des signataires du manifeste, de vouloir créer une littérature-monde en français, est superflu, parce que la francophonie, telle qu'elle existe, représenterait exactement cela.

Ensuite, l'auteur du texte souligne que la langue française n'est pas considérée comme un vestige du colonialisme, mais comme une langue vivante qui symbolise le partage des mêmes valeurs.

Il s'exprime pour une appréciation de la littérature contemporaine et reproche aux écrivains francophones qui se sont installés en France de vouloir se débarrasser du « label » de la francophonie au lieu d'accepter ce terme comme une décoration.

Au dernier paragraphe, Najjar revient à son argument, selon lequel les signataires du manifeste, peut-être sans le vouloir, démolissent l'image de la francophonie, parce qu'ils n'ont pas vraiment compris que « littérature francophone » et « littérature-monde en français » sont la même chose.

2. **Hinweis:** *Bei der Erläuterung und der Kommentierung des recht umfangreichen Zitats sollten Sie Ihre zur Frankophonie erworbenen Kenntnisse einbringen. Was die Frankophonie etwa von der Gemeinschaft der anglophonen Staaten abhebt, ist gerade die Tatsache, dass das Französisch anders als das zur lingua franca „neutralisierte" Englisch noch eng mit einem kulturellen Wertekanon assoziiert wird.*

La phrase citée dans la deuxième question met l'accent sur les différences entre la francophonie et les pays qui ont en commun l'emploi de la langue anglaise, réunis par exemple dans le Commonwealth.

L'auteur prétend qu'il y a des relations historiques, affectives et humaines entre les pays francophones qui seraient différentes de celles entre les pays anglophones, ce qui ferait de la francophonie un modèle unique, impossible à reproduire. En même temps il reproche aux pays anglophones, surtout aux États-Unis de vouloir éliminer les différences et le dialogue entre les cultures.

Lorsqu'on regarde de plus près le sens et la structure de cette phrase d'Alexandre Najjar, on se rend compte qu'elle est d'un côté marquée par un certain complexe d'infériorité vis-à-vis du modèle anglo-saxon vivement critiqué, mais qu'il a de l'autre côté bien raison dans certains aspects de son argumentation.

Ainsi le caractère unique prétendu des relations entre les pays francophones me semble peu convainquante. Les liens historiques entre ces pays sont très souvent dominés par un passé colonial, ce qui est le cas pour les pays de tradition anglophone, par exemple l'Inde.

Cependant, chacun peut sans doute souscrire aux effets niveleurs de la mondialisation. Personne ne mettrait d'ailleurs en doute le rôle de la langue anglaise de « lingua franca » non seulement dans le domaine de la technologie et de l'information, mais aussi dans la communication internationale. La suite logique de l'évolution décrite précédemment c'est la séparation entre la langue anglaise et un quelconque système de valeurs. C'est vrai que dans ce domaine la langue française, encore associée directement à la France et à sa tradition humaniste, ne peut que l'emporter sur son rival, ressenti comme omnipuissant ailleurs.

3. **Hinweis:** *Bei diesem Arbeitshinweis handelt es sich um eine typische Aufgabe zur gestaltenden Textproduktion. Die Aufgabenstellung erwartet von Ihnen das Verfassen eines Antitextes zum vorgegebenen ausgesprochen positiven Bild der Frankophonie. Orientieren Sie sich dabei genau an der Aufgabenstellung, ordnen Sie Ihre Ideen und strukturieren Sie Ihren Text ruhig entsprechend der im ersten Teil reproduzierten Argumentationsstruktur des Ausgangstextes.*

L'organisation de la francophonie désigne aujourd'hui un ensemble de 56 États et gouvernements ayant le français en partage. C'est en quelque sorte une tentative de regroupement parmi d'autres, basé sur l'emploi commun de la langue française. Mais lorsqu'on se rend compte que parmi ces pays membres figurent des États comme par exemple la Pologne, l'Ukraine ou encore la Slovaquie on s'aperçoit vite, que c'est tout autre chose qu'une communauté d'intérêt pour des pays qui n'ont en commun que l'emploi d'une même langue.

Non, la francophonie moderne, dotée d'un ensemble d'institutions comme par exemple le sommet de la francophonie annuel, représente sur le plan politique un regroupement dominé par les intérêts politiques de la France qui se voit en concurrence directe avec des associations comparables, comme par exemple le Commonwealth.

Quant à l'affirmation de l'auteur du texte donné, selon laquelle la langue française ne serait pas associée à l'histoire coloniale dans les anciennes colonies, le net recul de l'emploi de cette langue dans les pays concernés, par exemple au Maghreb, en démontre d'après moi l'exact contraire.

La défense de leur identité est une tendance de toutes les cultures, et cette défense va de pair avec une diversité linguistique. Dans ce contexte la francophonie ne constitue à mon avis qu'un cas particulier de l'aspiration de beaucoup d'habitants de la planète à une diversité culturelle.

Vercors : « Le silence de la mer »

Le texte suivant est un extrait du roman « Le silence de la mer », publié par Jean Bruller (dit Vercors) en 1942. Dans ce roman l'auteur décrit l'histoire d'un jeune officier allemand qui vient s'installer en France dans la maison d'un vieil homme et de sa nièce. Il y passe six mois sans que la jeune femme et son oncle ne lui eussent adressé la parole. L'extrait présenté décrit l'arrivée de l'officier dans la maison de ses hôtes involontaires.

Il faisait nuit, pas très froid : ce novembre-là ne fut pas très froid. Je vis l'immense silhouette, la casquette plate, l'imperméable jeté sur les épaules comme une cape.

Ma nièce avait ouvert la porte et restait silencieuse. Elle avait rabattu la porte sur le mur, elle se tenait elle-même contre le mur, sans rien regarder. Moi je buvais mon
5 café, à petits coups.

L'officier, à la porte, dit : « S'il vous plaît. » Sa tête fit un petit salut. Il sembla mesurer le silence. Puis il entra.

La cape glissa sur son avant-bras, il salua militairement et se découvrit. Il se tourna vers ma nièce, sourit discrètement en inclinant très légèrement le buste. Puis il
10 me fit face et m'adressa une révérence plus grave. Il dit : « Je me nomme Werner von Ebrennac. » J'eus le temps de penser, très vite : « Le nom n'est pas allemand. Descendant d'émigré protestant ? » Il ajouta : « Je suis désolé. »

Le dernier mot, prononcé en traînant, tomba dans le silence. Ma nièce avait fermé la porte en restant adossée au mur, regardant droit devant elle. Je ne m'étais pas levé.
15 Je déposai lentement ma tasse vide sur l'harmonium et croisai mes mains et attendis.

L'officier reprit : « Cela était naturellement nécessaire. J'eusse évité si cela était possible. Je pense mon ordonnance fera tout pour votre tranquillité. » Il était debout au milieu de la pièce. Il était immense et très mince. En levant le bras il eût touché les solives.
20 Sa tête était légèrement penchée en avant, comme si le cou n'eût pas été planté sur les épaules, mais à la naissance de la poitrine. Il n'était pas voûté, mais cela faisait comme s'il l'était. Ses hanches et ses épaules étroites étaient impressionnantes. Le visage était beau. Viril et marqué de deux grandes dépressions le long des joues. On ne voyait pas les yeux, que cachait l'ombre portée de l'arcade. Ils me parurent clairs.
25 Les cheveux étaient blonds et souples, jetés en arrière, brillant soyeusement sous la lumière du lustre.

Le silence se prolongeait. Il devenait de plus en plus épais, comme le brouillard du matin. Épais et immobile. L'immobilité de ma nièce, la mienne aussi sans doute, alourdissaient ce silence, le rendaient de plomb. L'officier lui-même, désorienté,
30 restait immobile, jusqu'à ce qu'enfin je visse naître un sourire sur ces lèvres. Son sourire était grave et sans nulle trace d'ironie. Il ébaucha un geste de la main, dont la signification m'échappa. Ses yeux se posèrent sur ma nièce, toujours raide et droite, et je pus regarder moi-même à loisir le profil puissant, le nez proéminent et mince. Je

voyais, entre les lèvres mi-jointes, briller une dent d'or. Il détourna enfin les yeux et
35 regarda le feux dans la cheminée et dit : « J'éprouve un grand estime[1] pour les personnes qui aiment leur patrie », et il leva brusquement la tête et fixa l'ange sculpté
au-dessus de la fenêtre. « Je pourrais maintenant monter à ma chambre, dit-il. Mais je
ne connais pas le chemin. » Ma nièce ouvrit la porte qui donne sur le petit escalier et
commença de gravir les marches, sans un regard pour l'officier, comme si elle eût été
40 seule. L'officier la suivit. Je vis alors qu'il avait une jambe raide.

Je les entendis traverser l'antichambre, les pas de l'Allemand résonnèrent dans le
couloir, alternativement forts et faibles, une porte s'ouvrit, puis se referma. Ma nièce
revint. Elle reprit sa tasse et continua de boire son café. J'allumai une pipe. Nous
restâmes silencieux quelques minutes. Je dis : « Dieu merci, il a l'air convenable. »
45 Ma nièce haussa les épaules. Elle attira sur ses genoux ma veste de velours et termina
la pièce invisible qu'elle avait commencé d'y coudre.

Vercors: « Le silence de la mer ». © Éditions Albin Michel, 1951

1 Nom féminin, considéré comme masculin par l'officier allemand.

Annotations

l. 8	se découvrir	dt. hier: den Hut ziehen
l. 10	une révérence	dt. eine Verneigung
l. 14	adossé, e	dt. angelehnt
l. 19	un solive	dt. ein Deckenbalken
l. 31	ébaucher qc	dt. etwas andeuten
l. 32	raide	dt. steif, starr
l. 33	proéminent, e	dt. hervorspringend
l. 39	gravir	monter

Sujets d'étude

1. Décrivez l'apparence et le comportement de l'officier allemand.   *(30)*

2. Expliquez la citation « J'éprouve un grand estime pour les personnes qui
   aiment leur patrie » (l. 35/36). Qu'est-ce que l'officier veut dire par
   cela ?   *(30)*

3. Choisissez l'un des sujets suivants.   *(40)*

   a) Comment est-ce que l'auteur décrit le comportement des Français
      pendant l'occupation ? Est-ce que cette description vous semble
      réaliste ?

   b) Après la guerre, Vercors a été attaqué par d'autres résistants pour sa
      description plutôt positive de l'ennemi dans « Le silence de la mer ».
      Partagez-vous cette critique ?

Lösungsvorschläge

1. **Hinweis:** *Der doppelte Arbeitsauftrag verlangt eine klar gegliederte Bearbeitung. Dabei bietet es sich an, in der Reihenfolge der Aufgabenstellung zunächst die äußere Erscheinung und dann das Auftreten des Offiziers zu beschreiben. Bemühen Sie sich bei dieser Aufgabenstellung, deren Funktion im Wesentlichen ein Abfragen des Textverständnisses ist, das Vokabular der Vorlage zu variieren und Ihre eigene Ausdrucksfähigkeit unter Beweis zu stellen.*

L'officier allemand est présenté comme quelqu'un de très poli et de très agréable. Son apparence physique est décrite de manière détaillée. On apprend qu'il est d'une stature immense, beau et viril avec ses épaules larges et son profil marquant. Mais en même temps l'auteur lui attribue une certaine imperfection et vulnérabilité. Sa tête penchée qui laisse penser qu'il est voûté, et surtout sa jambe raide ne font pas de lui le nazi modèle, bien qu'il ait les yeux clairs et les cheveux blonds. En quelque sorte la façon dont son physique est décrit le rend sympathique et humain.

L'officier agit très discrètement et ne se comporte pas du tout comme un envahisseur sans scrupule. À chaque instant on a l'impression qu'il se sent mal à l'aise, qu'il est gêné de déranger ses hôtes involontaires, qu'il est hésitant. Lorsqu'il entre dans leur salon, il les salue et leur fait comprendre qu'il n'y peut rien s'il est logé dans leur maison. Il leur parle dans un français très distingué malgré quelques petites fautes et le silence prolongé presqu'insupportable du vieil homme et de sa nièce en réponse le désoriente. Malgré ce comportement très distancié et même hostile des deux habitants de la maison, l'officier reste respectueux et ne les traite pas comme s'ils étaient inférieurs.

2. **Hinweis:** *An dieser Stelle müssen Sie den textanalytischen Anteil der Aufgabenstellung, also die Frage, welche Hinweise der gegebene Textausschnitt gibt, mit Ihren im Unterricht erworbenen Kenntnissen über das deutsche Besatzungsregime in Frankreich verknüpfen.*

La citation mentionnée dans la deuxième question reflète l'imprégnation de l'officier allemand des valeurs dites prussiennes et en même temps son sentiment pour la France et pour les Français en général, mais surtout pour ceux qui l'hébergent.

Il respecte et apprécie apparemment leur fermeté et leur conséquence. Bien qu'il soit en quelque sorte la victime de ce comportement, il éprouve de la sympathie pour leur patriotisme. D'un côté il est bien sûr l'officier allemand, qui agit pour servir les intérêts de son pays, mais de l'autre côté, il se sent proche de la culture, de l'histoire et de l'esprit français. Selon l'esprit humaniste mais aussi en quelque sorte selon l'idéologie nazie, il considère l'ennemi français comme plus ou moins équivalent au peuple allemand, n'appartenant pas à une race inférieure comme le sont aux yeux des nazis les ennemis sur le front de l'est. Ainsi cet énoncé n'est contradictoire qu'en apparence. Le fait qu'il estime les personnes qui aiment leur patrie ne fait pas de lui un philanthrope avec lequel on peut fraterniser sans trahir ses convictions.

Cependant il est bien évident que tout son comportement, tous ses gestes sont déterminés par sa volonté d'être accepté, d'être même apprécié par ses hôtes. S'il ressent de la culpabilité personnelle comme agresseur dans un pays voisin et aussi estimable que le sien, il essaie d'apaiser ses sentiments par un comportement personnel irréprochable. Apparemment c'est sa façon d'échapper à ce dilemme personnel dont ont sûrement souffert quelques officiers allemands dans une situation similaire pendant la deuxième guerre mondiale.

3. a) *Hinweis: Selbst wenn Sie den gesamten Text nicht kennen, sollten Sie in der Lage sein, aus dem vorliegenden Ausschnitt inklusive der einleitenden Erläuterung abzuleiten, dass das Verhalten der Protagonisten untadelig ist. Zwar leisten sie keinen offenen Widerstand – was unter den gegebenen Bedingungen auch völlig unrealistisch wäre – aber zu keiner Zeit lassen sie sich auf den Feind in ihrem Haus ein. Inwieweit diese Beschreibung realistisch ist, bleibt natürlich Ihrem Urteil überlassen, sie sollten an dieser Stelle aber unbedingt die Kenntnisse über die allgemeinen Zusammenhänge aus der Besatzungszeit, die Sie im Unterricht erworben haben, einfließen lassen.*

La description du vieil homme et de sa nièce dans le récit de Vercors peut servir de modèle pour chaque Français confronté directement à l'ennemi nazi. Les deux personnages résistent parfaitement aux tentatives de rapprochement de l'officier allemand, à la tentation de se laisser faire, de se laisser persuader par le charme et le comportement sans défauts de leur assiégeant. Incroyablement conséquents avec leurs principes, ils renoncent à toute convention et en laissant s'installer ce silence de plus en plus épais, rendu de plomb par leur immobilité (l. 28/29), ils créent une situation presqu'invivable pour l'officier allemand. Or on sait que la réaction de beaucoup de Français pendant l'occupation ne fut pas aussi conséquente ni irréprochable.

Sur le plan politique, le maréchal Pétain avait signé l'armistice le 22 juin 1940 et avait proposé fin octobre 1940 à Hitler sa « collaboration » après avoir installé le gouvernement de l'État français à Vichy. La rafle du Vel d'Hiv et d'autres persécutions de Juifs en zone libre et en zone occupée montrent qu'une bonne partie de l'administration française était prête à se soumettre sans grande pression à la volonté réelle ou supposée des occupants nazis.

Quant à la population, les nombreux cas de collaboration volontaire, et aussi de dénonciation de voisins par exemple, montrent qu'il n'était pas si facile que ça pour une bonne partie des Français de rester moralement inattaquables. L'exemple des femmes rasées avec la croix gammée sur le corps, exposées dans les rues après la libération illustre en outre qu'il y avait en France une sorte de mauvaise conscience collective qu'on s'est senti obligé de projeter sur des individus qui n'étaient sûrement pas les seuls coupables.

b) **Hinweis:** *Hier können Sie Ihre eigene Meinung einbringen. Beachten Sie dabei die in der Aufgabenstellung vorgegebene Tendenz – die eher positive Darstellung des Offiziers an dieser Stelle anzuzweifeln wäre sicher nicht sinnvoll – und achten Sie auf eine überzeugende Begründung Ihrer Argumentation.*

L'officier allemand tel qu'il est décrit par Vercors ne correspond pas du tout à l'image du soldat allemand brut, stupide et inhumain propagée par la résistance française et qui correspondait trop souvent aux expériences faites par la population concernée. Au contraire, il est présenté comme sympathique, discret et faisant preuve d'un excellent goût. Le regard jeté par l'Allemand sur l'ange suspendu au mur (l. 36/37) renforce encore ce sentiment que les deux côtés, occupants et occupés appartiennent en réalité à un même système de valeurs chrétien occidental.

Ainsi on imagine aisément que certains compatriotes de Vercors qui ont lu ce texte pendant ou après la guerre n'ont pas compris une telle présentation de l'ennemi allemand. N'était-ce pas minimiser le danger, une atteinte à la vigilance des Français de provoquer presque de la compassion pour cet officier rejeté et mal accueilli par ses hôtes ?

Je ne partage pas cette critique envers l'œuvre de Vercors. À mon avis, Vercors voulait tout au contraire prévenir ses compatriotes et les sensibiliser. Il fallait se méfier même du « meilleur des Allemands possibles » puisque dès qu'il s'est soumis au régime hitlérien, il ne peut être qu'une dupe ou un complice.

Une autre critique imaginable serait de reprocher à Vercors d'avoir propagé dans ce texte le silence comme moyen efficace et suffisant de résistance. Vu les crimes commis par les nazis pendant l'occupation on peut se poser la question si un texte publié clandestinement pendant cette période ne devait pas appeler les Français à la lutte au lieu de leur donner le silence et l'inaccessibilité comme seul modèle de résistance.

Textaufgabe

« J'aurais aimé faire la rentrée de Sarah »
Stéphanie Jomain n'a trouvé aucune solution d'accueil pour sa fille handicapée

Pour Sarah Plassard, 7 ans, il n'y a pas eu de rentrée, ni à l'école du village à Cormoranche sur Saône, ni dans un institut spécialisé où elle est supposée trouver l'accueil adapté. « Depuis trois ans, Sarah reste à la maison. Depuis qu'elle ne va plus à la crèche. Trois ans, c'est long » dit sa maman Stéphanie Jomain. « Quand j'entends
5 qu'on parle d'un accueil pour tous les enfants, c'est pour ceux qui vont bien peut-être, autrement, c'est compliqué. J'aurais bien fait la rentrée de Sarah cette année. »
Sarah, elle marche, exprime ses émotions par des gestes, mais elle ne parle pas. Ses retards de développement ont une explication : une microcéphalie, développement insuffisant de la boîte crânienne.
10 « Les médecins ne se prononcent pas sur les évolutions possibles » dit sa maman. « L'orthophoniste travaille avec des images, il dit que tant qu'elle met tout à la bouche, elle ne parlera pas. »
Stéphanie et sa mère – qui vient comme elle peut apporter son soutien – affirment que la petite a régressé depuis qu'elle ne va plus à la crèche. « Elle mangeait seule,
15 elle allait aux toilettes, elle se posait. Elle a perdu ses acquis, c'est dommage. Elle aurait besoin de voir d'autres enfants, d'autres adultes. »
Le seul enfant que Sarah côtoie, c'est son petit frère qui a commencé l'école maternelle cette année. « Elle peut avoir des gestes un peu brusques avec les autres enfants. À la crèche, elle faisait déjà ces gestes mais en grandissant, elle prend des forces. Il
20 faut être vigilant. Surtout pour lui éviter des dangers à elle. Tout est compliqué, sortir, aller en visite… »
Depuis l'automne 2005, les orientations pour une prise en charge spécialisée ont été notifiées aux parents de Sarah : la Maison départementale des personnes handicapées leur a encore envoyé une liste d'instituts médico-éducatifs dans l'Ain, le
25 Rhône, la Saône et Loire, le Jura, impliquant l'internat.
« Partout, on me dit qu'il n'y a pas de places. Pour certains, elle est sur une liste d'attente. J'ai écrit à la MDPH pour signaler que Sarah n'avait toujours pas de place et j'ai téléphoné pour dire que je dois reprendre mon travail en mars, c'est la fin de mon congé parental. Au téléphone, on m'a dit de trouver une nourrice… Comme si
30 une nourrice c'était la solution », soupire Stéphanie, maman contrainte à l'isolement elle aussi comme plusieurs dizaines de parents dans des situations comparables.
Tous les enfants n'ont pas les capacités d'aller à l'école ; mais les structures ne répondent pas aux besoins en temps réel.

Python, Fabienne : « J'aurais aimé faire la rentrée de Sarah » © Le Dauphiné libéré, Édition Ain
01. 10. 07

Annotations

titre faire la rentrée de qn   *dt.* jdn. einschulen

Sujets d'étude

1. Présentez la situation de la petite Sarah. (*30*)
2. Choisissez l'un des sujets suivants. (*30*)

   a) « Tout est compliqué, sortir, aller en visite... » (l. 20/21)
   Imaginez comment la naissance de Sarah a changé la vie de la famille
   Jomain. Donnez ensuite un autre exemple traité en classe qui montre
   comment un parcours de vie peut être bouleversé par un événement.

   b) Les progrès faits par le diagnostic prénatal et la législation en Allemagne permettent aux parents de prendre la décision. Seriez-vous
   prêt à vivre avec un enfant handicapé ou est-ce que vous opteriez
   pour une interruption de grossesse ?

Sprachmittlung

Inklusion

Seit der UNESCO-Weltkonferenz 1994 in Salamanca, die sich mit dem Umgang mit
Schülerinnen und Schülern mit besonderen Bedürfnissen beschäftigte, wurde der Begriff Inklusion auch im deutschsprachigen Raum zunehmend geläufig. Doch im Gegensatz zur Integration, die etwas zuvor Ausgeschlossenes wieder einbeziehen will,
5 geht es bei der Inklusion um das Dabeisein von Anfang an. Inklusion bedeutet Ein-
schluss, Enthaltensein. Es muss bei der Inklusion also niemand mehr eingegliedert
werden, weil niemand zuvor ausgegliedert wurde. So gesehen unterscheiden sich bei-
de Begriffe ganz klar voneinander.

Zusätzlich geht der Inklusionsgedanke über ein Denken in zwei Gruppen, bspw.
10 den Menschen mit und den Menschen ohne Behinderung, hinaus. Anstelle von einer
Differenzierung in zwei Teilgruppen (behinderte und nicht behinderte Menschen),
wird von Unterschiedlichkeit in allen Bereichen ausgegangen. Das grundlegende
Merkmal der Inklusion ist also die Auffassung, dass eine Gesellschaft aus Menschen
besteht, die sich voneinander unterscheiden. Die Heterogenität innerhalb einer Grup-
15 pe bezieht sich auf religiöse und kulturelle Hintergründe der Gruppenmitglieder, auf
die unterschiedlichen Kompetenzen, Einschränkungen, Stärken und Schwächen des
Einzelnen in der Gruppe, auf sexuelle Orientierungen, Begabungen, körperliche Ge-
gebenheiten, Weltanschauungen, soziale und nationale Herkunft usw. Es geht nicht
darum, die Unterschiede der einzelnen Mitglieder einer Gruppe in den Vordergrund
20 zu stellen, sondern jedes Mitglied einer Gruppe in seiner Unterschiedlichkeit und
Vielfalt zu akzeptieren. [...]

40

Ein Mensch mit Behinderung, der bspw. von Anfang an natürliche Lern- und Le-
bensfelder, wie den wohnortnahen Kindergarten, die allgemeine Grund- und Sekun-
darschule, kennenlernte und nicht von vornherein durch den Besuch von Sonderkin-
25 dergarten und Förderschule separat betreut und beschult wurde, hat es im Erwachse-
nenalter oft viel leichter sich in der „nicht behinderten Gesellschaft" zurecht zu finden. Mitunter hat er so auch erheblich größere Chancen auf dem 1. Arbeitsmarkt oder
in Integrationsbetrieben beschäftigt zu werden und hat so neben der Werkstatt für behinderte Menschen mehr Auswahlmöglichkeiten. Der ehemalige Bundespräsident
30 von Weizsäcker hat in diesem Zusammenhang den Satz „Was gar nicht erst getrennt
wird, muss später nicht mühsam integriert werden" geprägt. Man könnte auch sagen:
„Was Hänschen nicht lernt, lernt Hans nimmermehr."
Der Begriff der Inklusion umfasst, dass jeder Mensch ein Recht auf Partizipation
in der Gesellschaft hat, indem er in Zusammenarbeit und Dialog mit seinen Mitmen-
35 schen tritt. Jeder Mensch hat im Sinne der Inklusion ein Recht darauf, selbstständig,
selbstbestimmt und in Freiheit zu leben.

*http://www.behindertenbeauftragter.de/nn_1040372/DE/BildungundBeruf/Schule/Inklusion/Bildung_*
_Inklusion__node.html?__nnn=true

Sujet d'étude

Pendant vos vacances en France vous avez lu l'article sur la petite Sarah
Jomain. Vous vous rappelez qu'avant de partir en vacances vous aviez lu un
texte sur l'intégration ou plutôt l'inclusion des enfants handicapés qui vous a
impressionné. En rentrant vous relisez le texte et vous décidez d'écrire une
lettre à la mère de Sarah pour l'encourager à poursuivre son combat.   *(40)*

Textaufgabe

1. **Hinweis:** *Zum Nachweis des Textverständnisses wird hier kein Resümee von Ihnen erwartet. Sie sind also formal nicht an die Strukturmerkmale der Textsorte gebunden. Beweisen Sie präzises Textverständnis, indem Sie möglichst eigenständige sprachliche Mittel verwenden.*

Ce texte est paru dans le quotidien régional « Le Dauphiné libéré » au mois d'octobre 2007. Il s'agit d'un reportage sur le destin de la jeune Sarah Plassard qui a sept ans et qui souffre d'une microcéphalie. Un handicap qui est à l'origine de retards de développement, qui empêchent la petite Sarah de parler et dont on ne connaît pas vraiment les conséquences pour l'avenir.

Sarah a été à la crèche dans son village natal de Cormoranche sur Saône, normalement, malgré son handicap, mais depuis l'âge de trois ans, elle est obligée de rester à la maison, ce qui selon sa mère ne lui fait pas de bien ; sans le contact avec des enfants de son âge Sarah régresse et perd les capacités qu'elle avait déjà développées, explique-t-elle.

Sa mère a cependant essayé, en vain, de trouver une place pour Sarah soit dans l'école du village soit dans un soi-disant institut médico-éducatif du département de l'Ain où la famille habite. On lui a toujours répondu qu'il n y avait pas de place actuellement, que Sarah était déjà sur une liste d'attente ou qu'elle devait se trouver une nourrice pour s'occuper de sa fille, ce qui ne résoudrait pas le problème bien entendu.

2. a) **Hinweis:** *Inhaltlich ist die Aufgabenstellung sehr offen formuliert. Beziehen Sie sich in Ihrer Antwort auf den Text und argumentieren Sie strukturiert.*

Je suis persuadé que la naissance d'un enfant bouleverse complètement la vie de la personne concernée. Lorsqu'on est parent, on est d'un côté obligé d'assumer la responsabilité pour un être humain et de l'autre côté on a le droit de suivre de près son évolution, on est récompensé par la confiance absolue que l'enfant fait à ses parents. La décision d'avoir un enfant est toujours une décision qui a des conséquences pour le reste de la vie, d'autant plus s'il s'agit d'un enfant handicapé qui aura beaucoup moins la possibilité de devenir indépendant, de se séparer de ses parents qu'un enfant sans handicap. Un enfant qui aura toujours besoin de ses parents représente bien sûr un défi incomparable et il faut être vraiment sûr qu'on aura la force et la volonté absolue d'être toujours présent, quand l'enfant en aura besoin. Naturellement il y a le soutien de la société et du système social, mais cela n'empêche pas les parents d'un enfant handicapé de se sentir toujours responsables.

Le texte le montre clairement : lorsqu'on a un enfant comme Sarah rien n'est plus comme avant. Un tel tournant de la vie est à peine comparable à d'autres événements importants qui peuvent changer la vie d'un instant à l'autre. Nous avons lu en classe un roman qui m'a beaucoup impressionné. Dans « La vie sauve » une quadragénaire décrit sa façon d'organiser sa vie après avoir appris qu'elle souffrait d'un cancer incurable. Pour qu'il n'y ait pas de malentendu, je ne veux pas du tout mettre les deux choses sur le même plan ! Mais la portée des informations est peut-être en quelque sorte comparable.
Il faut que l'on réfléchisse sur sa vie passée et il faut surtout que l'on se fasse une idée précise de la façon dont on veut vivre sa vie à l'avenir. Rien n'est plus comme avant. On va être obligé de remettre en question tout ce qui fonctionnait jusque là.

b) ***Hinweis:*** *Hier gibt es vermutlich keine Anknüpfungspunkte an im Unterricht behandelte Gegenstände, sondern ausschließlich Ihr Weltwissen ist gefragt. Argumentieren Sie bei diesem sensiblen Thema zurückhaltend und versuchen Sie Ihre Position hinreichend zu begründen.*

Comme l'énoncé de la question nous l'apprend, le diagnostic prénatal a fait d'énormes progrès ces dernières années, ce qui pose de nouvelles questions éthiques à tous les futurs parents. Est-ce que oui ou non ils veulent tout savoir sur leur futur enfant, est-ce que oui ou non ils sont prêts à vivre avec les conséquences de chaque diagnostic pensable ?
Moi, personnellement, j'aimerais le savoir, j'utiliserais toutes les possibilités données par la médecine prénatale pour savoir si mon enfant risque un handicap important comme la trisomie ou la microcéphalie, citée dans le texte. Je suis bien conscient qu'une telle position implique la résolution d'accepter à la rigueur une interruption de grossesse après la douzième semaine de la grossesse, mais je crois que je ne serais pas capable de changer radicalement ma vie afin de subvenir aux besoins quasi sans limites d'un enfant incapable de devenir vraiment indépendant.
Rien que la décision de désirer un enfant signifierait un tournant important dans ma vie, que j'accepterais volontiers parce que je crois qu'une vie sans enfants n'est en quelque sorte pas complète, mais le fait de savoir qu'un enfant handicapé aura besoin non seulement de mon affection et de mon soutien mais de mon aide concrète tout au long de sa ou plutôt tout au long de ma vie me fait trop peur pour pouvoir l'accepter de plein gré.

Sprachmittlung

Hinweis: Bei dieser Aufgabe handelt es sich um eine klassische Sprachmittlungsaufgabe. Im vorliegenden Fall müssen oder können Sie z. B. davon ausgehen, dass der Schlüsselbegriff des Textes, „Inklusion", in der französischen Sprache mit dieser Bedeutung noch gar nicht existiert. Weitere Klarheit schafft hier das einsprachige Wörterbuch, sofern es sich um eine aktuelle Auflage handelt. Sollte dies der Fall sein, müssen Sie den Begriff natürlich erklären, um Ihr Anliegen nachvollziehbar zu machen. Eine besondere Herausforderung besteht sicher darin, den Brief adressatengerecht zu formulieren, d. h. besonders das diffizile Verhältnis von Nähe und Distanz gegenüber der Ihnen unterstellt unbekannten Adressatin zu wahren.

Chère Madame Jomain,

Pendant mes vacances en France j'ai lu l'article sur vous, votre fille Sarah et les problèmes que vous avez actuellement à trouver une place pour Sarah dans une école. Votre histoire m'a profondément touché et m'a tout de suite rappelé un texte extrêmement intéressant, que j'avais lu pour préparer un exposé sur les tendances actuelles de l'intégration des enfants handicapés en Allemagne.

J'aimerais vous rendre compte de la nouvelle perspective présentée dans cet article pour vous encourager à poursuivre votre combat et parce que je trouve que c'est une honte que des sociétés riches comme les nôtres se permettent encore de marginaliser et d'exclure des personnes qui ont la même valeur et les mêmes droits que tous les autres membres de la société.

Le sujet central de ce texte est le terme de « l'inclusion » qui se distingue du terme intégration. Tandis que ce dernier met l'accent sur le fait d'associer quelqu'un de nouveau qui a été exclu avant, le premier terme n'exclu personne et n'a alors pas besoin de réintégrer quelqu'un. Cette idée me parait aussi banale que géniale. Le concept de l'inclusion évite de partager les êtres humains en handicapés et non-handicapés mais par contre accepte une certaine hétérogénéité. L'accent est mis sur le point commun et non pas sur la différence ! La suite logique de cette idée serait donc que des enfants comme Sarah devaient être scolarisés à l'école du village ! Restez exigeante. N'acceptez pas ces « orientations pour une prise en charge spécialisée » dont vous parlez dans l'article du « Dauphiné libéré ».

Ne me prenez pas pour une personne arrogante mais permettez-moi une dernière remarque. Je pense que vous devriez vous battre contre la dernière phrase de ce texte. Si, tous les enfants ont les capacités d'aller à l'école même si quelques-uns ont peut-être besoin d'un soutien supplémentaire.

Veuillez agréer mes meilleurs sentiments

Johann Auer

Textaufgabe

Habiter à Paris

Dans un blog sur la vie à Paris et en province, Gaëlle donne son avis personnel sur sa décision de quitter Paris et sur sa nouvelle vie.

Comment s'est prise la décision de quitter Paris et de partir en province ?
L'année 2004–2005 s'est très mal passée pour mon mari, alors directeur adjoint. Le grand patron était changé, le nouveau voulait se débarrasser de l'ancien bras droit qui connaissait trop bien la boîte et lui faisait de l'ombre. Mon mari a senti le licencie-
5 ment venir dès les présentations !
Nous n'avions aucun a priori concernant un éventuel point de chute. J'aime beau-
coup Paris mais je trouvais déjà les loyers trop élevés (ça a empiré depuis !), et puis je venais d'avoir mon troisième enfant, quatrième pour mon mari. J'étais en congé parental et pouvais donc le suivre n'importe où. Sinon j'aurais dû démissionner de
10 ma boîte d'immobilier de bureaux.
Quand mon mari m'a téléphoné un jour de printemps pour me demander ce que je pensais de « Lille », à la suite d'une proposition ferme, je n'ai bien sûr pas hésité une seconde. […]

Comment cela s'est-il passé concrètement pour toi et ton conjoint ? Au niveau
15 **financier, avez-vous eu l'impression d'y perdre par rapport à Paris ?**
Au niveau financier, nous y gagnions carrément, ce qui est apparemment peu com-
mun dans ce cas de figure « de Paris vers la province ». En effet mon mari gagnait légèrement plus, moi avec mes allocations de congé parental rien n'était modifié, […], mais surtout le loyer diminuait de beaucoup. Ainsi à Neuilly-sur-Seine nous
20 payions à l'époque 1 000 euros pour 63 m², et dans la bourgade de 6 000 habitants, entre Lille et Béthune, où nous avons atterri, nous avons pu louer un appartement de 120 m² pour 700 euros ! Notre pouvoir d'achat est monté en flèche, mais pas notre qualité de vie, hélas ! […]

Comment s'est passée votre installation en province ?
25 J'ai donc passé les quinze derniers jours d'août 2005 dans ma nouvelle bourgade, en attendant la rentrée pour mes deux aînés, en maternelle.
J'ai immédiatement déchanté. Cette petite ville (de 6 000 habitants quand même !) n'avait aucune infrastructure pour les gens comme moi, les parents en congé parental vivant en appartement !
30 Parisiens trop vite installés, ignorants la manière de vivre là-bas, et pensant qu'il allait pleuvoir toute l'année, nous avions opté sans état d'âme pour un appartement sans balcon. […]

J'ai découvert un endroit où tout le monde vivait un peu en autarcie ou dans son cercle : chacun son jardin, sa voiture pour aller dans son supermarché à 5, 10 ou 15 km, aucun espace public, ses allées et venues en voiture pour emmener les enfants à droite à gauche... Pas de lieu de rencontre : il valait mieux être né ici ou y avoir des amis installés depuis des années !

J'étais bien plus « à la campagne » dans le XIVème arrondissement de Paris, à Neuilly ou place du Trocadéro !

Donc en réalité je suis allée de déconvenues en déconvenues : une vie sociale réduite à la portion congrue, un environnement qui me semblait laid, peu soigné, très peu d'infrastructures publiques à ma disposition : je n'avais que mes sous à dépenser pour m'occuper, ce qui en soi est un peu vain, tout de même ! [...]

Concernant la conciliation vie privée/vie professionnelle, estimes-tu que la vie en province la facilite ou pas ?

Nous sommes donc revenus en Île-de-France il y a un an. Quel soulagement ! Nous avons perdu la surface de la moitié de l'appartement du Nord et doublé le loyer, mais avons tout gagné question infrastructures collectives.

Tout en région parisienne ne se vaut pas, mais ma petite ville à l'ouest de Paris est extraordinaire pour aider les parents : une inscription à l'année modique pour la garderie matin et soir (jusqu'à 19 heures !), tout le mercredi, toutes les vacances, été compris, un accueil en cas de grève, ... Jamais je ne trouverai ça en province [...].

Donc, ma réponse est que la province ne facilite pas forcément la conciliation vie privée/vie professionnelle. Pas dans mon cas en tout cas.

Propos de Thècle recueillis par Gaëlle Picut,
http://en-aparte.over-blog.com/categorie-10952608.html

Annotations

l. 6	a priori	*dt.* vorgefasste Meinung/Position
l. 25	une bourgade	un petit village
l. 27	déchanter	*dt.* seine Illusionen aufgeben
l. 41	réduit à la portion congrue	*dt.* auf das absolute Minimum beschränkt

Sujets d'étude

1. Résumez les expériences faites par Gaëlle. *(20)*

2. « Cette petite ville [...] n'avait aucune infrastructure pour les gens comme moi ». (l. 27/28)
   Expliquez cette phrase en analysant les besoins d'une jeune famille. *(25)*

3. Vivre en ville ou à la campagne ? Discutez la question en tenant compte des arguments des deux textes. *(30)*

Sprachmittlung

Pariser Sparfüchse ziehen in den Keller

Paris (dpa) – Astronomisch hohe Mieten und Kaufpreise treiben immer mehr Bewohner der Stadt Paris in ein Leben unter der Erde. Vor allem jüngere Menschen schrecken nicht mehr davor zurück, sich in Kellerwohnungen ohne Tageslicht einzuquartieren.

5 „Wir bezahlen sechsmal weniger als anderswo", sagt beispielsweise der stolze Mieter eines 250-Quadratmeter-Appartements in einem schicken Vorort. Gerade mal 800 Euro pro Monat überweist er mit seiner Frau für das Reich unter der Erde.

„Schlagzeugspielen bis 3.00 Uhr nachts ist hier kein Problem", sagt ein anderer junger Kellerbewohner aus dem zwölften Arrondissement. „Dieser Markt explo-
10 diert", kommentiert die Tageszeitung „Le Parisien" unter Berufung auf Makler und verweist auf einen weiteren Vorteil: Wer im Keller wohne, müsse keine Angst vor Aufzugspannen haben.

© sueddeutsche.de – erschienen am 17. 02. 2011

Sujet d'étude

Vous répondez au blog de Gaëlle et vous lui faites un compte-rendu de l'article que vous avez lu par hasard sur la page « sueddeutsche.de ». *(25)*

Textaufgabe

 1. *Hinweis: In ihrem Blog antwortet Gaëlle auf vorgefertigte Fragen, der Text ist also quasi ein Interview. Folgen Sie ansonsten beim Verfassen Ihres Resümees den Ihnen bekannten standardisierten Vorgaben dieses Operators.*

Dans le texte présent il s'agit d'une interview avec une jeune femme qui a quitté Paris plus ou moins de son plein gré. Elle est mariée, et à l'époque elle était en congé parental. Un jour son mari lui propose d'aller à Lille parce qu'il y a trouvé un nouvel emploi. Bien qu'elle aime bien vivre à Paris Gaëlle y trouve les loyers trop chers et elle donne immédiatement son accord pour un déménagement. Comme le salaire de son mari augmente légèrement et l'appartement dans un village de 6 000 habitants, deux fois plus grand que celui à Paris, coûte 300 euros de moins, la situation financière de la jeune famille se détend. Mais très vite, Gaëlle se rend compte qu'ils ont commis une erreur. Dans leur appartement sans balcon ils sont isolés dans un entourage où tout le monde vit pour soi avec son jardin et sa voiture pour faire les courses. Gaëlle ressent surtout le manque de vie sociale et d'infrastructure et décide alors de revenir en Île-de-France. Maintenant la famille vit dans une petite ville à l'ouest de Paris. Certes le loyer de 1 400 Euros est cher, mais les enfants sont pris en charge et la famille a enfin trouvé un équilibre entre vie professionnelle et vie privée.

2. *Hinweis: Nutzen Sie zur Bearbeitung dieser textanalytischen Aufgabe alle Informationen, die Sie der Einleitung und dem vorgelegten Text entnehmen können. Hier geht es vor allem darum, Textinhalte zu reorganisieren und daraus logische Schlüsse zu ziehen.*

La citation est issue du passage de texte où Gaëlle parle de sa vie dans le village dans le nord de la France. Elle déplore qu'il n y a pas d'infrastructure pour une femme en congé parental comme elle. On comprend peu après ce que cela signifie pour une mère de plusieurs enfants, lorsqu'elle décrit les avantages de la vie dans la petite ville en région parisienne. Elle souligne surtout les possibilités de faire garder les enfants, mais une infrastructure pour une jeune femme en congé parental c'est bien sûr aussi plein d'autres choses. Dans une telle situation la mère a besoin de lieux de rencontres avec d'autres femmes dans la même situation. Elle désire trouver des cafés sympas, des petits magasins et des boutiques pour se distraire.
Il est évident que Gaëlle est déçue de ne rien trouver de tout cela dans sa bourgade, où il n'y a aucun espace public, où les gens se barricadent dans leurs jardins et ne sortent qu'en voiture pour faire des courses dans des grandes surfaces en dehors de la ville. On comprend qu'une infrastructure adaptée aux besoins des habitants est un critère décisif dans la perception de la qualité de vie.

La question de savoir si l'on veut vivre en ville ou à la campagne ne se pose pas forcément pour un adolescent de mon âge. Mais il y a certainement des moments dans la vie où il faut prendre une décision.

Il faut dire d'abord que cette décision dépend surtout de la situation dans laquelle on se trouve. Les deux, la ville et la campagne ont définitivement des avantages et des inconvénients, qu'il faut peser le pour et le contre selon ses attentes. Aujourd'hui, étant jeune et ayant grandi dans une grande ville, j'aurais du mal à me voir dans un village ou même à la campagne. Bien que j'aime la nature, les inconvénients de la vie loin des distractions, des choix culturels et des lieux de rencontre d'une grande ville me dissuaderaient de m'installer en province. Le fait d'être dépendant d'une voiture est un argument supplémentaire contre la campagne. Mais de l'autre côté il faut aussi voir les avantages : Les loyers sont beaucoup moins chers qu'en ville. On a peut-être un petit terrain où on peut bricoler ou s'aménager un jardin. On est toujours près de la nature et on vit un peu plus au rythme de la nature.

Pour conclure je n'exclurais pas d'aller vivre un jour à la campagne peut-être en famille ou avec des copains qui ont la même mentalité, mais pour l'instant je préfère quand même la ville avec tous ses inconvénients parce que pour moi l'infrastructure sociale est plus importante que les avantages de la vie rurale.

Sprachmittlung

Chère Gaëlle,

J'ai lu ton blog, publié dans Paris/province et je comprends parfaitement tes arguments. J'ai vécu des expériences comparables après avoir quitté Berlin après la naissance de mon deuxième enfant. Bien que Berlin ne soit peut-être pas tout à fait comparable à Paris – les loyers par exemple sont encore loin d'avoir atteint le niveau parisien – je remarque bien des parallèles dans nos histoires. Moi, personnellement, j'ai décidé après trois ans dans deux petites villes de retourner à Berlin et depuis je ne l'ai jamais regretté.

Pour t'encourager à faire pareil, j'aimerais t'informer d'une idée qui pourrait t'intéresser. À Paris, de plus en plus de gens trouvent des solutions originales pour échapper au piège des loyers devenus exorbitants. Les appartements au sous-sol sont de plus en plus en vogue. Ainsi, le locataire d'un appartement de 250 mètres carrés dans une banlieue chic, ne paye que 800 euros de loyer. Un autre jeune habitant d'un tel espace souterrain évoque encore un autre avantage en disant qu'il peut jouer de la batterie jusqu'à trois heures du matin.

Je sais que tu n'as sûrement pas envie de faire de la musique après une journée fatigante avec ta famille et peut-être que l'idée de mener une vie souterraine te fait même peur, mais ça pourrait être une idée pour vous aussi si un jour votre ville en Île-de-France vous ennuie trop.

Bisous, Estelle

Hörverstehen

1

Initiés par les frères franciscains de Toulouse en 2007, les Cercles de Silence ont essaimé dans plus d'une centaine de villes en France. Chaque mois, les participants forment un cercle pour protester en silence contre les politiques restrictives d'immigration, et le sort fait aux migrants sans papiers en Europe.

Avec Marie-Odile Mougin, membre du Cercle de silence de Paris et le frère Alain Richard, de la communauté franciscaine de Toulouse.

Annotations

se défenestrer   se tuer en se jetant par la fenêtre

une interpellation   *dt.* vorläufige Festnahme, Befragung, *hier eher:* Selbsterkundung

Écoutez le texte trois fois en entier.

Cochez toutes les cases qui vous semblent exactes.   *(30)*

1. De quelle sorte de document sonore s'agit-il ?

☐ d'une interview

☐ d'un reportage

☐ d'un dialogue

☐ d'une discussion

2. Pourquoi est-ce que Mme Mougin aime tellement l'endroit où elle organise le cercle de silence ?

_____

_____

3. De quel pays venait la sans-papiers qui s'est défenestrée ?

☐ d'Algérie

☐ du Vietnam

☐ de la Chine

☐ du Maroc

☐ du Liban

51

4. Pourquoi est-ce qu'elle s'est tuée ?

_____

_____

5. Citez deux raisons pourquoi Mme Mougin préfère les manifestations en silence.

_____

_____

6. Une passante s'exprime contre les cercles de silence. Qu'est-ce qu'elle propose à leur place ?

_____

7. Quel est le symbole à l'intérieur du cercle ?

☐ une lampe
☐ une croix
☐ une bougie
☐ une chaise

8. Nommez deux groupes que le frère franciscain veut atteindre par sa prière.

_____

_____

Les très bons comptes de l'immigration

Les immigrés sont une excellente affaire pour l'État français : ils rapportent une grosse douzaine de milliards d'euros par an et paient nos retraites.

Les immigrés sont une très bonne affaire pour l'économie française : ils reçoivent de l'État 47,9 milliards d'euros, mais ils reversent 60,3 milliards. Autant dire un solde positif de 12,4 milliards d'euros pour les finances publiques, qui ne représente pourtant que la part monétaire de transferts bien plus importants. Dans ce pays de
5 64,7 millions d'habitants, 6,5 millions de Français comptent au moins un immigré dans leur famille. Les chiffres de l'immigration légale sont très fluctuants. En France, on recense environ 5,3 millions de résidents étrangers avec leurs familles.

Une équipe de chercheurs de l'université de Lille, sous la direction du Pr Xavier Chojnicki, a réalisé pour le compte du ministère des Affaires sociales une étude sur
10 les coûts de l'immigration pour l'économie nationale. Travaillant sur des chiffres officiels, les chercheurs ont décortiqué tous les grands postes de transfert des immigrés. Il en ressort un solde très positif. Les chercheurs ont remis leur rapport en 2009, au terme de trois ans d'études. Les 47,9 milliards d'euros que coûte l'immigration au budget de l'État (2009) sont ventilés comme suit : retraites, 16,3 milliards d'euros ;
15 aides au logement, 2,5 milliards ; RMI, 1,7 milliard ; allocations chômage, 5 milliards ; allocations familiales, 6,7 milliards ; prestations de santé, 11,5 milliards ; éducation, environ 4,2 milliards.

De leur côté, les immigrés reversent au budget de l'État, par leur travail, des sommes beaucoup plus importantes : impôt sur le revenu, 3,4 milliards d'euros ; im-
20 pôt sur le patrimoine, 3,3 milliards ; impôts et taxes à la consommation, 18,4 milliards ; impôts locaux et autres, 2,6 milliards ; contribution au remboursement de la dette sociale (CRDS) et contribution sociale généralisée (CSG), 6,2 milliards ; cotisations sociales, environ 26,4 milliards d'euros. […]

La comptabilité réalisée par les chercheurs de l'université de Lille fait ressortir
25 aussi de profonds changements sociaux. Majoritairement jeunes, les immigrés sont de grands consommateurs : comme nous venons de le voir, ils versent environ 18,4 milliards d'euros à l'État sur leurs dépenses personnelles, notamment en TVA. Les immigrés ont modifié en profondeur le sport et les arts populaires français : la grande majorité des footballeurs de haut niveau sont issus de l'immigration, et les
30 artistes d'origine immigrée, noirs et maghrébins, peuplent le Top 50 de la chanson populaire.

Parallèlement, de nombreux métiers, en particulier dans les services, ne fonctionnent en France que grâce à l'immigration. Plus de la moitié des médecins hospitaliers dans les banlieues sont étrangers ou d'origine étrangère. Pas moins de 42 % des tra-
35 vailleurs des entreprises de nettoyage sont des immigrés. Plus de 60 % des ateliers de mécanique automobile de Paris et de la région parisienne appartiennent à des mécaniciens et petits entrepreneurs d'origine étrangère.

Dans un domaine aussi crucial que l'avenir du système des retraites, les immigrés jouent un rôle des plus favorables. Le très officiel Comité d'orientation des retraites
40 est parvenu à cette conclusion : « L'entrée de 50 000 nouveaux immigrés par an permettrait de réduire de 0,5 point de PIB le déficit des retraites. » […]

Juan Pedro Quiñonero, 02. 12. 2010
http://www.courrierinternational.com/article/2010/12/02/les-tres-bons-comptes-de-l-immigration

Annotations
l. 7   recenser   *ici :* compter
l. 11   décortiquer   analyser à fond

Sujets d'étude

1. Résumez le texte en citant les chiffres les plus importants.   *(20)*

2. Expliquez l'importance des immigrés pour les systèmes de retraites des pays industrialisés.   *(30)*

3. Discutez l'hypothèse selon laquelle l'immigration est une question de survie pour la société française. Référez-vous aussi aux documents dont vous avez pris connaissance au cours de français.   *(20)*

Cercle de silence

– J'aime bien cet endroit. Je la trouve très belle cette place en plus, je suis très contente que ce soit là qu'on le fasse, parce que je... je trouve qu'elle est vraiment belle et particulièrement en hiver parce qu'il fait nuit.

– Bonsoir, un cercle de silence. Merci !

– Cercle de silence. Merci.

– Il y a eu une fois où j'ai participé à une manifestation silencieuse qui avait de la gueule et plein de gens habitués à crier étaient dedans. Et c'était au moment de la mort de Chun Lan qui est une sans-papiers chinoise qui s'était défenestrée parce que les flics étaient venus dans son immeuble. Pas du tout pour elle, mais pour d'autres personnes qui habitaient son immeuble. Mais elle de terreur, pensant qu'on allait l'attraper, s'était jetée par la fenêtre. Et c'est peu de temps après que sont nés les cercles de silence. C'est pas en lien, mais bien-sûr c'est contre cette politique d'immigration-là. Il y avait une place pour ce type d'interpellation. Parce qu'en fait c'est une forme d'interpellation. D'interpellation des consciences. Dans le silence, ça laisse une place à la réflexion, ça laisse une place à l'individualité, ça laisse une place à la pensée et ça permet peut-être d'éviter les malentendus des paroles.

– Bonsoir.

– Bonsoir.

– Pourquoi un cercle de silence ?

– Un cercle de silence ?

– Il se tient actuellement sur la place.

– J'ai lu là, c'est pour le traitement qui est fait au Liban, c'est ça ? Je suis désolée, moi un cercle de silence... faut crier et pas se taire.

– Pourquoi un cercle de silence ? Vous voulez pas savoir pourquoi ?

– Bonsoir !

– Un cercle de silence...

– Chacun des participants est à égale distance du centre, de la lampe, qui est le symbole. C'est l'inverse du leadership, on est tous des layers, et la force du cercle, c'est ça aussi.

– Pourquoi un cercle du silence ?

– Vous savez, c'est dans leurs pays qu'il faudrait les aider, pas ici ! Moi j'ai été dans ces trucs-là, si vous allez à la Mie de Pain, 90 % des bonhommes qui sont là-bas c'est des étrangers.

– Notre silence et notre prière veulent rejoindre les sans-papiers, ceux qui font la loi et ceux qui la font appliquer, ainsi que tous les acteurs que nous sommes, chacun à son échelle. Nous avons estimé qu'il fallait aller au-delà des mots et des cris, trop souvent utilisés pour des causes où la profondeur de la dignité humaine n'est pas en jeu. Nous avons choisi un silence qui doit être digne, non méprisant, un silence habité par le cri d'une humanité blessée qui reste aimante. C'est ce silence-là qui nous a paru le moyen le plus adapté pour exprimer notre certitude de la richesse qui existe au profond de nous-mêmes et de nos concitoyens. Nous ne voulons pas que cette richesse de notre espèce humaine disparaisse.

Intitulé du son : « Un cercle de silence », Réalisation : Hugo Lattard, Mix : Arnaud Forest,
Production : ARTE Radio – ARTE France.
Extrait d'une série de documentaire en ligne sur arteradio.com

1. ☐ d'une interview
   ☒ d'un reportage
   ☐ d'un dialogue
   ☐ d'une discussion

2. Parce que la place est belle et parce qu'il y fait nuit en hiver.

3. ☐ d'Algérie
   ☐ du Vietnam
   ☒ de la Chine
   ☐ du Maroc
   ☐ du Liban

4. Elle était une sans-papiers et avait peur que la police, venue dans son immeuble, veuille l'arrêter.

5. • ça laisse une place à la réflexion/
   • ça laisse une place à l'individualité/
   • ça laisse une place à la pensée/
   • ça permet d'éviter les malentendus

6. Elle veut que les gens crient au lieu de se taire.

7. ☒ une lampe
   ☐ une croix
   ☐ une bougie
   ☐ une chaise

8. • les sans papiers
   • ceux qui font la loi
   • ceux qui la font appliquer

Textaufgabe

Le texte traite des effets de l'immigration sur l'économie française. Des chercheurs ont établi que le bilan des coûts de l'immigration est positif. En 2009 les quelques 5,3 millions d'étrangers avec leurs familles ont versé plus de 12 milliards d'euros de plus aux finances publiques qu'ils en ont reçus au total. Les aides au logement et diverses allocations sont largement dépassées par les impôts et cotisations sociales payés par ce groupe. Ce solde positif est entre autres un résultat du fait que les immigrés, plus jeunes que la moyenne de la population, consomment beaucoup et ainsi versent déjà 18,4 milliards d'euros à l'État en TVA.

En dehors de ces résultats économiques chiffrés, les immigrés ont une place importante dans la société surtout dans le domaine sportif et culturel. Que resterait-il du football français ou de la chanson populaire sans le support des sportifs ou artistes issus de l'immigration ?

Encore plus important est le rôle que jouent les immigrés comme bouche-trou. Sans eux la santé publique dans les banlieues ou la mécanique automobile en région parisienne ne fonctionneraient plus.

Les systèmes de retraite dans tous les pays industrialisés sont menacés par les effets du changement démographique. Des sociétés en mutation avec un taux de fécondité insuffisant pour maintenir le nombre de population, risquent un effondrement de leurs retraites dû à une disproportion croissante entre cotisants et prestataires. Lorsque le système actuel de financement des retraites a été introduit, trois actifs devaient financer un retraité. Aujourd'hui la pyramide des âges n'est plus une pyramide mais plutôt un champignon et par conséquent la cotisation vieillesse ne cesse d'augmenter.

Les résidents étrangers avec une structure d'âge au-dessous de la moyenne pourraient réduire ces effets nuisibles. Ainsi le Comité d'orientation des retraites en France a calculé que « l'entrée de 50 000 nouveaux immigrés par an permettrait de réduire de 0,5 point de PIB le déficit des retraites » (l. 40/41).

En Allemagne ces effets sont encore plus flagrants. Le taux de fécondité étant encore plus bas qu'en France, à à-peu-près 1,4 d'enfants par femme, la politique cherche depuis longtemps à trouver des solutions. D'un côté l'âge de départ en retraite a été repoussé à l'âge de 67 ans contre la résistance massive d'une partie de la population et de l'autre côté on cherche systématiquement à encourager des jeunes du monde entier jouissant d'une solide formation d'immigrer en Allemagne.

3. *Hinweis: Die Diskussionsaufgabe ist so offen formuliert, dass es Ihnen keine größeren inhaltlichen Probleme bereiten sollte, Stellung zu beziehen. Das Thema „Immigration" hat im Unterricht sicherlich bereits eine bedeutende Rolle gespielt, sodass Sie auch hier Anregungen aufnehmen können. Achten Sie auf die Verwendung von Konnektoren und versuchen Sie auch Zwischentöne zu beleuchten, um eine allzu einseitige Argumentation zu vermeiden.*

Je me souviens d'une caricature que nous avons analysée au cours de français. Cette caricature avait comme sujet la situation en France après le départ du dernier travailleur immigré. On y voyait des usines dégueulasses, des immeubles et des routes en ruines, des chantiers désertés, des poubelles que personne ne vidait plus et des trous pas rebouchés.

Cette vision certes un peu polémique, montre de façon draconienne les conséquences d'un départ massif des immigrés. L'exagération mise à part, typique pour une caricature, on sait bien qu'il y a beaucoup de métiers importants pour lesquels il est devenu très difficile de trouver des candidats allemands ou français. À part les métiers montrés dans la caricature, c'est aussi et surtout le secteur sanitaire et social qui est concerné. Et cela ne touche pas uniquement les métiers peu qualifiés, mais aussi par exemple les fameux médecins hospitaliers, cités dans le texte.

En revanche c'est sûr que l'immigration pose aussi des problèmes sociaux. Il faut savoir que les jeunes immigrés sont bien plus menacés de devenir délinquant que les Allemands ou les Français de souche du même âge. On parle même d'une génération perdue parce qu'une partie des jeunes immigrés – surtout ceux qui sont de sexe masculin et sans formation – ont beaucoup de peine à s'intégrer et à être accepté par la société majoritaire ou dominante.

Hörverstehen

2

Polyamour : peut-on aimer au pluriel ?
- *Françoise Simpère, journaliste, écrivain, auteure de Aimer, plusieurs hommes aux éditions Autres Mondes et Guide des amours Pluriels aux éditions Pocket*
- *Maryse Vaillant, psychologue et écrivain, auteure de « Les hommes, l'amour, la fidélité » aux éditions Albin Michel*
- *Robert Neuburger, psychiatre, psychanalyste, thérapeute de couple et de famille à Paris.*

Annotations

la franchise	*dt.* Offenheit
gratifiant, e	*dt.* befriedigend

Écoutez le texte trois fois en entier
Cochez toutes les cases qui vous semblent exactes. *(25)*

1. Vrai ou faux ? Cochez la bonne réponse. vrai faux

   a) C'est une émission ou les auditeurs posent les questions. ☐ ☐

   b) Un participant de la discussion participe en ligne télé-phonique. ☐ ☐

   c) L'émission traite des problèmes qui apparaissent dans des relations homosexuelles. ☐ ☐

2. Quelle est la position de Mme Simpère à propos du polyamour ?

   ☐ On peut aimer plusieurs personnes en même temps.

   ☐ Cela dépend de la question à savoir si on est marié ou non.

   ☐ On ne peut aimer qu'une personne en même temps.

3. Quel jour est-ce que l'émission passe à la radio ?

   ☐ à Pâques

   ☐ à la St. Valentin

   ☐ à Noël

   ☐ le jour de l'An

4. Pour M. Neuburger, pourquoi le polyamour est-il quelque chose d'assez sportif ?

☐ parce que les amants doivent souvent déménager

☐ parce que les amants se mentent souvent pour éviter la souffrance

☐ parce que souvent, ça ne plaît pas à tous les partenaires

5. Quelle est selon Mme Simpère la première raison pour un polyamour ?

☐ quand on rencontre deux personnes en même temps

☐ quand on ne peut pas se décider entre deux personnes

☐ quand on est marié et rencontre quelqu'un d'autre

6. Selon Mme Vaillant qu'est-ce qui pose problème dans une relation avec plusieurs partenaires ?

☐ la jalousie

☐ la fidélité

☐ le désir

☐ la religion

7. Qu'est-ce qui est le plus gratifiant pour l'ego ?

_____

8. Depuis combien de temps est-ce que Françoise Simpère vit avec le même homme ?

☐ 19 ans

☐ 20 ans

☐ 32 ans

☐ 37 ans

☐ 40 ans

Respire

*Le texte suivant est un extrait du roman « Respire » dans lequel Anne-Sophie Brasme,
une jeune auteur de dix-sept ans, décrit la relation extrêmement intense et en même
temps tendue entre deux jeunes filles. Charlène, la narratrice, devient de plus en plus
dépendante de sa copine Sarah.*

Chaque matin je me réveillais affolée par la brutalité de la sonnerie du réveil, me
levais d'un pas alourdi, me passais de l'eau glacée sur le visage avant de me contempler dans l'immense miroir de ma chambre, entièrement nue, seule dans la lumière
tamisée. Je me répétais chaque jour le même refrain, jusqu'à le savoir par cœur, je
5 me le répétais dès l'instant où j'ouvrais les yeux jusqu'au moment où je marchais tête
baissée vers les portes du collège, et encore le soir dans mon lit. Mes nuits avaient
perdu leur sommeil et mon cerveau bouillonnait, obsédé par l'écho de ces phrases :
« N'oublie pas de contrôler chacun de tes mots, chacun de tes gestes, tout ce que tu
fais, et la manière dont tu agis, tu dois avant tout l'analyser, le comprendre, y réflé-
10 chir. N'oublie pas, tout ce que tu feras devant les yeux de Sarah comptera, un seul
dérapage et tu risques de la perdre pour de bon. »
Je vivais dans l'ombre. Je ne survivais que par l'espoir de m'attacher l'amour de
Sarah. Je haïssais ma vie. Mais j'étais trop obsédée pour en être vraiment consciente.
Je subissais Sarah, ses regards, ses reproches, ses silences, ses absences. Chacun de
15 ses gestes devenait une torture. Pour la satisfaire, il me suffisait simplement de me
taire, d'endurer. Je pensais qu'en baissant les yeux à chaque remarque désagréable
qu'elle me lançait au visage, je finirais par regagner son amitié. Je voulais que ce soit
elle qui m'apprivoise, qui me domine, qui dirige mon existence ; moi-même j'en étais
devenue totalement incapable. Je me sentais prête à tout lui donner, à tout lui céder,
20 jusqu'à la mort si elle le désirait. Devenir à tout jamais son esclave. Elle aurait pu me
battre jusqu'au sang, me frapper, me tuer si elle l'avait voulu.
« Tais-toi Charlène. Tu m'énerves avec tes supplications, tes caprices de gamine.
Arrête, Charlène, tu m'ennuies. N'agis plus. Ne pense plus. Ne vis plus. Contente-toi
d'être à moi. »
25 C'était terrible. Mais l'admettre, c'était s'avouer perdante. Ma seule issue était le
silence. Je savais que je n'aurais de toute façon pas le courage de la contester, de
l'affronter. Quelqu'un d'autre aurait sûrement cherché à réagir. Pas moi. Le seul but,
l'unique ambition qui me tenait encore en vie, c'était qu'un jour tout redevienne
comme avant, retrouver le goût de cette amitié qu'autrefois nous avions partagée. Je
30 pensais que pour gagner son estime, il fallait que j'en passe par la soumission. Ma
vie, à présent ce n'était plus que cela. Être dominée. Chaque jour subir.

J'aurais très bien pu m'en aller, décider de ne plus être son amie. Rien, apparemment, ne me contraignait de rester avec elle. J'étais encore libre de vivre ma vie. Mais je n'ai pas vraiment daigné y penser. Je n'ai pas pris le temps d'imaginer ma
35 vie sans elle, sans quelqu'un de qui dépendre. Je refusais d'évoluer, de me détacher de ce tourbillon qui m'enfermait. Il m'était impossible de faire un pas en arrière. Je me suis laissé faire. J'étais déjà morte.

Brasme, Anne-Sophie : « Respire ». © Librairie Arthème Fayard 2001, p. 182–184

Annotations
l. 2/3 se contempler   *dt.* sich betrachten
l. 14   subir   *dt.* jdn. ertragen
l. 22   une supplication   *dt.* ständiges Betteln
l. 33   contraindre   forcer
l. 34   daigner   *dt.* etw. tun mögen

Sujets d'étude

1. Exposez la situation de la narratrice et ses sentiments pour Sarah.   *(20)*

2. Choisissez l'un des sujets suivants.   *(25)*

   a) Analysez la relation entre les deux jeunes filles en mettant l'accent sur les explications que Charlène donne de subir une telle situation.

   b) Analysez quelques moyens stylistiques par lesquels l'auteur nous introduit dans l'univers des deux jeunes filles.

3. Choisissez l'un des sujets suivants.   *(30)*

   a) Comparez la relation entre les deux jeunes filles telle qu'elle se présente d'après cet extrait du texte à une autre relation inégale entre deux personnages d'un roman ou d'un film traité en cours. Discutez les issues possibles d'une telle situation.

   b) « N'agis plus. Ne pense plus. Ne vis plus. Contente-toi d'être à moi » (l. 23/24)
   Comment réagiriez-vous à une telle phrase, exprimée par quelqu'un dont vous vous sentez proche ? Mettez-vous à la place de Charlène et formulez une lettre à Sarah en vous référant à cette citation.

Polyamour

Le débat du jour, Jean-François Cadet

JEAN-FRANÇOIS CADET : Et on parle d'amour en ce début de soirée de Saint-Valentin, d'amour et même de polyamour avec cette question : « Peut-on aimer au pluriel ? », autrement dit peut-on vraiment aimer plusieurs personnes en même temps ? Ce qui pose bien d'autres questions, l'amour implique-t-il une certaine exclusivité des sentiments, quelle est la frontière entre polyamour et libertinage, quelle place pour les notions d'engagement, de fidélité, de confiance mais aussi la jalousie, le regard des autres voire la morale. Avec nous pour en parler le psychiatre et psychanalyste Robert Neuburger, thérapeute de couple et de famille à Paris qui va nous rejoindre d'ici quelques instants. Parmi ses livres, *Les nouvelles familles*, *L'art de culpabiliser*, *Les Rituels familiaux*, ou encore « *On arrête ?... on continue ?* » *Faire son bilan de couple*, chez Payot. En ligne avec nous Maryse Vaillant, bonsoir.

MARYSE VAILLANT : Bonsoir.

JEAN-FRANÇOIS CADET : Vous êtes psychologue et écrivain. Vous avez écrit *Les Hommes, L'Amour, La Fidélité*, chez Albin Michel. Et en studio à mes côtés Françoise Simpère, bonsoir.

FRANÇOISE SIMPÈRE : Bonsoir.

JEAN-FRANÇOIS CADET : Journaliste et écrivain, auteure de plusieurs ouvrages parmi lesquels *Aimer plusieurs hommes*, que l'on peut lire sur *Autres Mondes Diffusion*, sur Internet donc, mais aussi le *Guide des amours plurielles*, paru chez Pocket. Alors Françoise Simpère, peut-on aimer mais quand je dis aimer, c'est véritablement aimer hein, plusieurs personnes en même temps ?

FRANÇOISE SIMPÈRE : Eh bien oui, je pense que oui, qu'on peut aimer plusieurs personnes en même temps. Ça se pose d'ailleurs dans la vie quotidienne sans même parler de pluriamour, quand vous avez une personne qui est mariée, qui rencontre quelqu'un d'autre et qui s'aperçoit qu'il ou elle est amoureux de cette personne. Et il y a toujours une période avant de divorcer, s'ils divorcent, ou vraiment les deux, c'est la question du choix qui se pose, mais la question du choix se pose bien souvent pour des raisons sociales, puisque beaucoup de femmes me disent, « Moi j'ai envie de rester avec mon mari, je l'aime, on a un projet de vie, je suis heureuse avec lui »…

JEAN-FRANÇOIS CADET : Mais là on parle d'une période de transition, mais sur le long terme ?

FRANÇOISE SIMPÈRE : Mais sur le long terme, elles disent : « J'aime aussi cet homme et j'ai envie de poursuivre une relation avec. »

JEAN-FRANÇOIS CADET : Maryse Vaillant, vous partagez ce sentiment ? Est-ce que c'est une possibilité qui est offerte à tout le monde ?

MARYSE VAILLANT : On est bien… on a le cœur grand pour aimer plusieurs enfants. Vous savez il n'y a pas grande différence au niveau de l'affection… C'est la question du désir qui fait la différence. Mais on est capable d'aimer plusieurs personnes, le problème c'est le désir, c'est difficile parfois d'associer l'amour et le désir au pluriel. Et puis comme l'a souligné Françoise, il y a des engagements, nous donnons notre parole à quelqu'un et il faut être aussi à la hauteur de la parole donnée. Parce que l'amour fait partie… l'amour est rempli de… non seulement de désir, mais également de projets de vie.

JEAN-FRANÇOIS CADET : Alors, le docteur Robert Neuburger nous a rejoints dans ce studio. Bonsoir docteur.

ROBERT NEUBURGER : Bonsoir.

JEAN-FRANÇOIS CADET : Est-ce que vous, vous y croyez au polyamour ?

ROBERT NEUBURGER : Écoutez, dans l'absolu oui, en pratique ça me paraît quelque chose assez sportif quand même.

JEAN-FRANÇOIS CADET : « Sportif », pourquoi ?

ROBERT NEUBURGER : Je pense que ça peut fonctionner un certain temps, peut-être. Mais dans l'ensemble il y a quand même beaucoup de souffrance, souvent chez les uns ou chez les autres. Dès qu'il y des asymétries, c'est-à-dire ça peut plaire à un partenaire ou une partenaire et un petit peu moins à l'autre. Vous voyez, on peut pas tout contrôler.

JEAN-FRANÇOIS CADET : Françoise Simpère…

FRANÇOISE SIMPÈRE : Alors bon…

JEAN-FRANÇOIS CADET : Sportif le polyamour pour reprendre l'expression de Robert Neuburger ?

FRANÇOISE SIMPÈRE : Sportif peut-être pas, difficile c'est certain. Il est plus simple d'être monogame et de tromper en secret sa partenaire ou son partenaire. Parce qu'aimer au pluriel c'est aussi un pacte de franchise de ne pas se mentir. Et on s'aperçoit, moi je m'aperçois dans les lettres que je reçois que ce n'est pas tellement le fait que l'autre ait une relation ailleurs qui gêne, c'est vraiment qu'il ait menti qu'il se soit caché. Alors ce qui est difficile, c'est d'admettre qu'on n'est pas l'unique parce que c'est tellement plus gratifiant pour l'ego de se dire « je suis la seule capable d'être aimée ou de l'aimer ». Mais quand vous parlez de la durée, moi j'ai une certaine durée puisque ça fait 40 ans que je vis et que j'aime le même homme et que j'en ai dans ma vie depuis 37, 32, 20 et 19 ans qui sont toujours dans ma vie… donc c'est faisable.

extrait de : Cadet, Jean-François : « Polyamour : peut-on aimer au pluriel ? », 14. 02. 2011, ©rfi
http://www.rfi.fr/emission/20110214-peut-on-aimer-plusieurs-personnes-meme-temps

Hinweis: Versuchen Sie frühzeitig, den vier Sprechern die entsprechenden Stimmen zuzuordnen, und gehen Sie davon aus, dass die Reihenfolge der Fragen der Reihenfolge der Antworten im Text entspricht. Das Thema ist eher arm an Fakten, sodass Sie den Thesen der einzelnen Diskussionsteilnehmer genau folgen müssen. Achten Sie beim Finden der Lösungen besonders auf die in der Aufgabenstellung vorkommenden Schlüsselwörter.

	vrai	faux
1. a) C'est une émission ou les auditeurs posent les questions.	☐	☒
b) Un participant de la discussion participe en ligne téléphonique.	☒	☐
c) L'émission traite des problèmes qui apparaissent dans des relations homosexuelles.	☐	☒

2. Quelle est la position de Mme Simpère à propos du polyamour ?

☒ On peut aimer plusieurs personnes en même temps.

☐ Cela dépend de la question à savoir si on est marié ou non.

☐ On ne peut aimer qu'une personne en même temps.

3. ☐ à Pâques

☒ à la St. Valentin

☐ à Noël

☐ le jour de l'An

4. ☐ parce que les amants doivent souvent déménager

☐ parce que les amants se mentent souvent pour éviter la souffrance

☒ parce que souvent, ça ne plaît pas à tous les partenaires

5. ☐ quand on rencontre deux personnes en même temps

☐ quand on ne peut pas se décider entre deux personnes

☒ quand on est marié et rencontre quelqu'un d'autre

6. ☐ la jalousie

☐ la fidélité

☒ le désir

☐ la religion

7. De se dire « Je suis le seul capable de l'aimer ou d'être aimé ».

8. ☐ 19 ans

☐ 20 ans

☐ 32 ans

☐ 37 ans

☒ 40 ans

1. *Hinweis: Die relativ offene Aufgabenstellung zur Überprüfung des Textverständ-nisses mit dem Impuls „Exposez" verlangt von Ihnen nicht, sich an die sehr fest-gefügten Regeln des Resümees zu halten. Sie können hier also, sowohl was die Textlänge als auch was Ihre Formulierungen angeht, freier agieren. Dennoch geht es primär darum, Ihr Textverständnis zu dokumentieren. Achten Sie also da-rauf, Ihre Darstellung an der Textvorlage zu orientieren und überlegen Sie bereits hier, was Sie sich für den zweiten Teil „aufheben" wollen.*

Le texte est un extrait d'un roman publié en 2001 par une jeune auteur de 17 ans. La narratrice, une jeune fille qui s'appelle Charlène, raconte sa relation avec une autre jeune fille, Sarah. La relation entre ces deux jeunes filles ne correspond pas du tout à ce que l'on pourrait attendre d'une telle amitié, elle est par contre extrêmement inégale et en quelque sorte choquante. Charlène est presque obsédée par ses sentiments pour Sarah, tandis que cette dernière semble plutôt énervée par Charlène. Une telle obsession est étonnante dans une relation entre deux jeunes filles, on la comprendrait mieux peut-être dans une relation amoureuse entre deux adultes. Charlène semble avoir perdu toute sa dignité, son seul désir est de re-gagner le respect, voire l'amour de Sarah. Dans ce but elle se nie, elle devient l'es-clave de Sarah.

Mais cette dernière n'a manifestement plus aucun intérêt pour elle et le lui dit d'une façon extrêmement brutale. Même après cette intervention de Sarah, Char-lène reste obséquieuse et ne trouve pas la force de se distancer de Sarah.

2. a) *Hinweis: Das „Problem" bei der Bearbeitung dieser Aufgabe ist, dass Sie an dieser Stelle nicht nur das wiederholen sollen, was Sie in Teil 1 bereits darge-legt haben. Legen Sie eindeutig den Fokus auf den in der Fragestellung ange-sprochenen Aspekt der Textanalyse. Gehen Sie also nach einer kurzen Einfüh-rung in die Problematik gezielt auf die Frage ein, wie Charlène ihre Unfähig-keit erklärt, sich von Sarah zu lösen.*

Apparemment Charlène éprouve un profond sentiment pour Sarah qui la mal-traite d'une façon presque insupportable. L'énoncé de Sarah aux l. 22–24 dé-montre clairement que Charlène ne compte pas pour Sarah ou – pire encore – que Sarah veut voir souffrir son amie, qu'elle veut la dominer de manière méprisante. Elle l'insulte, lui ravit sa dignité et la réduit à une marionnette sans propre personnalité ni volonté.

Mais la question beaucoup plus intéressante est de savoir pourquoi Charlène se laisse faire. Pourquoi est-ce qu'elle ne réagit pas ? Pourquoi s'obstine-t-elle sur une amitié avec une fille qui ne voit en elle qu'une victime sans défense ?

Dès le début du texte, Charlène se sent mal à l'aise. Elle a peur de faire des erreurs et de perdre ainsi l'amitié de Sarah (l. 8–11). Elle s'avoue qu'elle est obsédée par Sarah, mais elle n'arrive pas à s'en libérer. En se soumettant complètement, en lui faisant des cadeaux, en acceptant chaque insulte de sa part, elle essaye de reconquérir son amitié, ce qui s'avère vain comme le montre la réplique de Sarah aux l. 22–24.

L'aspect vraiment tragique de cette relation est que Charlène se rend compte de sa situation. D'abord elle répète qu'elle veut que son amitié redevienne comme avant (l. 28/29), mais en vérité elle ne peut plus imaginer sa vie sans Sarah, elle sait déjà qu'elle a refusé d'évoluer, qu'elle est déjà morte (l. 37).

b) **Hinweis:** *Der Ihnen vorgelegte Textausschnitt weist einige offenkundige erzählerische oder stilistische Merkmale auf, die das komplizierte Beziehungsmuster der beiden Protagonistinnen illustrieren. Markieren Sie sich im Text derartige sprachliche Mittel, die Ihnen ins Auge fallen, und versuchen Sie sie in ihrer Wirkung zu beschreiben.*

Apparemment, Charlène vit dans un univers tout à fait à part. Elle a accepté de se soumettre complètement à Sarah et sa vie n'est plus qu'une réaction à son interprétation du comportement de sa soi-disant copine. Cette situation est soulignée par la façon dont le contenu nous est présenté. Charlène nous expose sa situation désespérée dans une sorte de texte narratif qui est interrompu par des citations de Sarah dont on ne sait pas vraiment si elles sont réelles ou inventées. Ce changement de la perspective narrative aux l. 8–11 et 22–24 crée une forte tension et amplifie le sentiment de pitié qu'on ressent pour Charlène.

Au premier paragraphe l'auteur se sert d'ènumérations pour apporter des élements dramatiques au texte («me réveillais […], me levais […], me passais […]», l. 1–3). L'accumulation d'adjectifs à caractère négatif ou même hostile comme «alourdi», «glacé», «immense» ou «tamisé» (l. 2–4) et la personnification de la sonnerie du réveil qualifiée de «brutale» (l. 1) mettent en relief l'impuissance de la jeune fille.

L'anaphore de toute une série de phrases qui commencent par le même pronom personnel «je» au deuxième paragraphe souligne encore davantage la passivité et la soumission de Charlène.

En résumé on peut dire que la jeune auteur de ce roman utilise très adroitement certains procédés de style et qu'on éprouve comme lecteur de ce passage une forte empathie pour Charlène, la victime de cette relation inégale.

3. a) **Hinweis:** *Sie können sich hier auf eine beliebige im Unterricht behandelte literarisch oder filmisch vermittelte Beziehung zwischen zwei Menschen beziehen. Selbstverständlich ist es ratsam, eine Vorlage zu wählen, in der ebenfalls eine ähnliche Abhängigkeit besteht, wie sie in dem vorliegenden Textausschnitt erkennbar wird. Zu denken wäre hier z. B. an den Roman „Antéchrista“ von Amélie Nothomb, in dem die schüchterne und einsame Blanche nach und nach feststellt, Opfer der erfolgreichen, brillanten Christa zu sein. Um zu zeigen, dass auch Vorlagen aus einem ganz anderen literarischen Kontext möglich sind, wird im Folgenden als Beispiel die Beziehung der Emma Bovary zu ihrem*

Mann Charles gewählt. Beschreiben Sie zunächst in der nötigen Klarheit die von Ihnen gewählte Konstellation und konzentrieren Sie sich dann auf den im letzten Satz der Aufgabenstellung geforderten Teilaspekt.

J'ai choisi la relation également complexe, et pour différentes raisons inégale, entre Emma Bovary et son mari Charles, décrite dans le chef-d'œuvre classique « Madame Bovary » du romancier français le plus lu du XIXème siècle, Gustave Flaubert. Dans ce roman Flaubert expose l'histoire de l'amour entre une fille simple de la campagne et un médecin de campagne, histoire qui finit tragiquement à cause des malentendus ou peut-être bien parce qu'un mariage entre deux êtres de provenance et en même temps de désirs et d'attentes aussi différents que l'étaient Charles et Emme Bovary est chose impossible.

Emma croyait avoir trouvé en Charles un mari qui lui garantirait ascension sociale et participation à la vie publique de la bourgeoisie de l'époque. Mais vite elle a vite réalisé que son mari avait d'autres intérêts et qu'il ne serait pas capable de satisfaire à ses désirs. Il aimait sa jeune et belle femme mais commit l'erreur de se contenter rapidement de sa situation de médecin de campagne, étant donné que la vie de la haute société ou encore la vie culturelle citadine ne l'intéressaient guère.

Cette relation désillusionne Emma de plus en plus jusqu'à ce quelle cherche d'autres distractions en ayant des relations extraconjugales. En même temps elle s'endette de plus en plus pour pouvoir se payer une vie de luxe, pour copier au moins un petit peu la grande vie dont elle rêve. Arrivée à une situation ou elle ne voit plus d'autre issue, Emma s'empoisonne, laissant derrière elle un mari et une fille désespérés. Pour Emma il n'y avait pas d'autre possibilité que sa propre mort pour se tirer de sa situation. Une femme mariée au milieu du XIXème siècle ne pouvait pas quitter son mari lorsqu'elle se rendait compte que ses besoins ou ses désirs étaient différents de ceux de son partenaire.

Charlène est dans une situation différente et semblable en même temps. Bien sûr que son amitié avec Sarah n'est pas tout à fait comparable au mariage de Charles et d'Emma, mais pour d'autres raisons, elle non plus n'arrive pas à se libérer de cette relation, non pas à cause des contraintes sociales mais à cause de sa propre incapacité à prendre sa propre vie en main, à agir là où elle a décidé de se contenter de réagir. Elle pourrait changer de lycée ou simplement trouver d'autres copines, mais elle reste captive de Sarah, elle demeure son otage.

b) *Hinweis: Bei dieser Aufgabenstellung sind Sie zwar inhaltlich völlig frei, sollten sich aber auf das in der Aufgabenstellung genannte Zitat beziehen. Achten Sie auf stringente Argumentation, Verwendung eines einer Jugendlichen entsprechenden Stils und natürlich auf die Einhaltung der textsortenspezifischen Merkmale wie Anrede und Grußformel.*

Chère Sarah,

Ce que tu m'as dit m'a vraiment choquée. Ces dernières semaines tu as souvent été méchante avec moi, mais là tu exagères. Pour qui me prends-tu, pour qui finalement est-ce que tu te prends ?

Depuis quelque temps déjà rien n'est plus comme avant. Tu n'as plus de temps pour moi, tu sors toujours avec quelqu'un d'autre, tu roucoules toujours avec ces mecs complètement à la masse que tu fréquentes depuis. Si une fois nous passons une soirée ensemble, tu restes fermée sans rien dire, sans montrer la moindre émotion. Qu'est-ce qui s'est passé ? Qu'ai-je fait pour mériter un tel traitement ? Enfin, même si j'avais commis une faute, si j'avais fait quelque chose de bête ou de stupide, je ne mérité pas une telle humiliation. Je t'ai connue comme quelqu'un de doux, de compréhensif et de sensible et là, qu'est-ce que tu es devenue ? Une garce arrogante et tellement imbue de sa personne, qu'elle pense pouvoir jouer avec les sentiments des autres.

Non Sarah. Tu n'es plus ce que tu étais autrefois. Je ne veux plus de toi. Je veux que tu me laisses tranquille. Je veux que tu sortes de ma vie. Ne me poursuis plus dans les longs couloirs du collège. Que chacune de nous mène sa vie indépendamment de l'autre. Je sais que cela va me poser des problèmes, trop souvent j'ai accepté, trop longtemps j'ai joué ton jeu pour ne pas perdre quelque chose qu'en vérité j'avais déjà perdu depuis longtemps, mais j'arriverai à t'oublier, à ne plus souffrir. Plus jamais je ne serai ton ombre.

Adieu Sarah !

Hörverstehen

3

Il existe depuis 2006 un manuel d'histoire franco-allemand qui incarne l'amitié franco-allemande et une volonté de construction commune. Cet ouvrage est né d'une collaboration entre des équipes d'historiens allemands et français. Le ministre français de l'Éducation, Luc Chatel, souhaite même étendre ce projet à d'autres matières comme la géographie ou les mathématiques.

Annotations

un établissement	*ici :* un lycée
après 45	après la fin de la deuxième guerre mondiale en 1945

Écoutez le texte trois fois en entier.
Cochez toutes les cases qui vous semblent exactes. *(30)*

1. De quelle sorte de document sonore s'agit-il ?

   ☐ un reportage

   ☐ un dialogue

   ☐ une interview

   ☐ une discussion

2. Quelle a été la plus grande difficulté du projet selon Mme Fougeron, responsable de Nathan ?

   ☐ Les élèves ne partagaient pas la même vision.

   ☐ La didactique de l'histoire en France et en Allemagne est différente.

   ☐ Les programmes d'histoire sont différents dans les deux pays.

   ☐ Les éditions Nathan et Klett n'ont pas pu travailler ensemble.

3. Quelle a été selon le texte la plus grande différence dans le regard sur les événements ?

   _____

4. Quels aspects vont au-delà du programme ?

   français : _____

   allemand : _____

5. Qu'est-ce que Nathan et Klett déplorent ?

_____

6. Quelle est la période historique traitée dans ce manuel ?

☐ de la Révolution française à la première guerre mondiale

☐ de la Révolution Française à nos jours

☐ de la période de1848 à la deuxième guerre mondiale

☐ de la période de 1814 à nos jours

☐ de la période de 1814 à la chute du mur

Le couple franco-allemand

La crise d'Airbus secoue le couple franco-allemand au moment même où celui-ci est l'objet de nombreuses questions. Les interrogations sur l'avenir de l'Europe sont en effet inséparables d'une réflexion sur les relations entre les deux grands États fondateurs et sur leur volonté, ou leur capacité, à demeurer le moteur de la construction
5 européenne. Signe des temps, la représentation permanente de l'Allemagne auprès de l'Union européenne organisait à Bruxelles, le 1er mars, sous l'égide des fondations allemandes Friedrich Naumann et Hanns Seidel et de l'association française *Notre Europe*, un débat sur le rôle des deux pays dans la relance espérée de l'Union.

L'entente franco-allemande a été déterminante pour la naissance et le développe-
10 ment de la communauté européenne. Elle a été célébrée dans les années 1960 par le général de Gaulle et le chancelier Adenauer. Elle s'est approfondie, dans les années 1970, à travers le lien personnel qui s'est établi entre Valéry Giscard d'Estaing et Helmut Schmidt. Elle a trouvé sa consécration, dans les années 1980, quand François Mitterrand et Helmut Kohl ont ensemble, avec le concours de Jacques Delors, remis
15 l'Europe en mouvement.

Avec la chute du mur de Berlin en 1989, qui a donné lieu à quelques malentendus entre les deux rives du Rhin sur les conditions de la réunification, la situation a changé. Une certaine méfiance s'est installée. Le duo s'est désuni. Son influence sur l'Union européenne s'en est ressentie. Il y a bien eu quelques embellies, illustrées par
20 l'attitude commune des deux capitales pendant la guerre en Irak, mais le « réflexe » franco-allemand a cessé de jouer, comme l'ont souligné à Bruxelles deux spécialistes allemands, Joachim Bitterlich, ancien collaborateur de M. Kohl, et Ulrike Guérot, chargée de recherches au German Marshall Fund.

Certains responsables politiques ont tenté de renouer le lien, comme les commis-
25 saires européens Pascal Lamy et Günter Verheugen, qui ont appelé en 2003 à une « union » entre les deux pays, mais le couple franco-allemand n'a pas retrouvé sa vigueur d'antan. L'échec du référendum constitutionnel en France, l'arrivée au pouvoir d'Angela Merkel en Allemagne ont plutôt contribué à son affaiblissement.

« Le partenariat franco-allemand reste essentiel pour l'Europe », affirme le com-
30 missaire français, Jacques Barrot (L'Europe n'est pas ce que vous croyez, Albin Michel, 224 p., 16 €). Pourquoi ? Les deux pays ont en commun « un long passé industriel » qu'ils doivent continuer à mettre au service de l'Union. Et ils ont, en raison des tragédies qu'ils ont connues, « une vocation de promoteurs de la paix ».

La solidarité franco-allemande est nécessaire mais, dans une Europe à vingt-sept,
35 elle n'est pas suffisante. Le défi est donc double. Il s'agit de renforcer l'unité d'action du tandem et de convaincre les autres États de s'associer à ses initiatives. L'ancien ministre français Alain Richard propose ainsi que les deux gouvernements unissent leurs efforts pour assurer, entre autres, un meilleur fonctionnement de l'Eurogroupe, une coordination plus efficace de l'aide au développement, une har-
40 monisation des achats de matériel militaire.

Mais, pour que la coopération franco-allemande s'ouvre aux autres États, elle doit trouver un nouveau langage. Selon Ulrike Guérot, Paris et Berlin ont le tort de donner de l'Europe « une image rigide », qui appartient au passé. Autrement dit, les deux pays sont invités à assouplir leurs positions pour tenir compte des préoccupations de
45 leurs partenaires. La relation avec les États-Unis est l'un des enjeux du débat. La question est de savoir quel prix le couple franco-allemand est prêt à payer pour redevenir une force d'impulsion en Europe. *(555 mots)*

Ferenczi, Thomas : « Les incertitudes du couple franco-allemand ». © Le Monde 09. 03. 07

Annotations

l. 5 la représentation permanente	une sorte d'ambassade (*dt.* ständige Vertretung)
l. 27 la vigueur d'antan	*dt.* der frühere Elan/Eifer
l. 33 une vocation de promoteur de la paix	*dt.* eine Berufung zum Friedensstifter

Sujets d'étude

1. Décrivez et interprétez la caricature de l'image de l'autre dans la perspective réciproque. *(20)*

Das Bild des anderen

Behrendt/CCC, www.c5.net

2. Appuyez-vous sur l'article de Thomas Ferenczi pour analyser l'état actuel de la relation franco-allemande et comparez les résultats d'une telle analyse avec votre interprétation de la caricature. *(30)*

3. Quel rôle avait à jouer le couple franco-allemand à votre avis dans le développement du processus européen ? *(20)*

Manuel d'histoire franco-allemand

JOURNALISTE : La naissance d'un manuel d'histoire commun pour les élèves français et allemands est un symbole très fort selon Jean-Louis Nembrini, directeur de l'enseignement scolaire et président du comité scientifique à l'origine de ce projet.

JEAN-LOUIS NEMBRINI : C'est un symbole très fort parce que deux pays décident de se mettre ensemble pour écrire un programme d'enseignement de l'histoire pour les lycées des deux pays. Et c'est la première fois que l'on fait ceci pour tous les établissements qui ont choisi ce manuel et bien ce sont exactement les mêmes contenus, les mêmes discussions, les mêmes problématiques, les mêmes débats que les élèves pourront conduire sur une question inscrite à leurs programmes d'histoire.

JOURNALISTE : Les éditions Nathan côté français et Klett côté allemand ont travaillé ensemble. Une première très enrichissante selon Françoise Fougeron directrice des manuels scolaires aux éditions Nathan.

FRANÇOISE FOUGERON : On s'est aperçu tout au long de la réalisation de ces ouvrages que la difficulté n'était pas de partager la même vision. Les difficultés ont surgi là où on ne les attendait pas, c'était plutôt dans la méthodologie, dans la façon dont... dans la didactique de l'histoire en France et en Allemagne. Donc on s'est aperçu que les élèves allemands ne travaillaient pas l'Histoire peut-être tout à fait de la même façon que les élèves français.

JOURNALISTE : Un livre enrichi de documents allemands et français, mais aussi un double regard sur les événements. Julien Sala-Molens, professeur d'histoire-géographie au lycée international de Luynes.

JULIEN SALA-MOLENS : Le communisme en France après 45 était une force politique majeure, alors qu'en Allemagne, très rapidement dès 45, avec la création des deux Allemagne, il y a par exemple un anticommunisme très fort en Allemagne de l'Ouest. Donc on va plutôt montrer que... la différence d'appréciation de phénomènes tels que le communisme par exemple.

JOURNALISTE : Ce livre est utilisé dans les classes françaises et allemandes, mais concerne trop peu d'élèves. Françoise Fougeron.

FRANÇOISE FOUGERON : Il est à la fois tout le programme français et autre chose. C'est-à-dire, il est enrichi d'un certain nombre d'autres points qui ne sont pas dans le programme français. Essentiellement par exemple pour les Français, c'est l'histoire intérieure de l'Allemagne, donc ça c'est intéressant. De la même façon pour les Allemands, ils ont des plus sur l'histoire de la France, sur toute la période étudiée. Nous sommes un peu déçus, à la fois Klett et Nathan de voir que peu d'élèves l'utilisent.

JOURNALISTE : Pour l'instant l'histoire vue sous un prisme franco-allemand a été rédigée pour la période de 1814 à nos jours et devrait bientôt paraître le manuel pour les élèves de seconde. Ce projet pourrait également être décliné pour d'autres matières comme la géo…

Bulliard, Anne-Claire : « Les manuels scolaires franco-allemands », 11. 11. 2009, © rfi
http://www.rfi.fr/contenu/20091110-manuels-scolaires-franco-allemands

Hinweis: Sicherlich haben Sie im Unterricht von dem gemeinsamen deutsch-französischen Geschichtsbuch gehört, möglicherweise haben Sie sogar bereits damit gearbeitet. Auch bei dieser Aufgabe sollten Sie versuchen, eine Teilverstehenstoleranz zu entwickeln. Versuchen Sie also nicht zwangsläufig jedes Detail zu verstehen, sondern bearbeiten Sie nach jedem Hördurchgang die Fragen, deren Antworten sich Ihnen erschlossen haben. Auch hier gilt natürlich wieder, dass die Aufgabenreihenfolge der Chronologie der Ereignisse im Text entspricht.

1. [**X**] un reportage
   [ ] un dialogue
   [ ] une interview
   [ ] une discussion

2. [ ] Les élèves ne partageaient pas la même vision.
   [**X**] La didactique de l'histoire en France et en Allemagne est différente.
   [ ] Les programmes d'histoire sont différents dans les deux pays.
   [ ] Les éditions Nathan et Klett n'ont pas pu travailler ensemble.

3. La différence d'appréciation du communisme après 1945 en France et en Allemagne.

4. français : l'histoire intérieure de l'Allemagne
   allemand : l'histoire de la France sur toute la période étudiée

5. Que peu d'élèves utilisent le manuel.

6. [ ] de la Révolution française à la première guerre mondiale
   [ ] de la Révolution Française à nos jours
   [ ] de la période de 1848 à la deuxième guerre mondiale
   [**X**] de la période de 1814 à nos jours
   [ ] de la période de 1814 à la chute du mur

Textaufgabe

1. *Hinweis: Bei der Analyse einer Karikatur ist es immer sinnvoll, vom Allgemeinen zum Speziellen zu gehen und von der Beschreibung über die Erklärung zur Interpretation. Im Einzelnen kann folgende Vorgehensweise als beispielhaft gelten. Zu*

Sur deux lignes superposées, la caricature nous présente deux fois quatre visages. Ces têtes portent des traits soi-disant typiques qui correspondent aux clichés ou aux stéréotypes qui pendant longtemps ont dominé la perception réciproque des deux peuples français et allemand.

À la première ligne, on voit les caractères qui portent les insignes de l'Allemand type à travers l'histoire. La première image montre le soldat prussien symbolisé par le casque à pointe, menaçant la France innocente avec un couteau entre les dents et les mains avides. Suit une Walkyrie aux traits agressifs portant une torche. Ensuite le Bavarois type avec la bière et la saucisse suivi d'un jeune homme sans traits spécifiques aux cheveux blonds.

À la deuxième ligne, on voit ces mêmes visages déguisés en Français. D'abord le soldat napoléonien, ensuite une révolutionnaire au bonnet phrygien, un M. Dupont au béret basque, vin rouge et baguette dans la main et finalement le même caractère neutre que pour le jeune homme allemand, mais cette fois-ci, avec des cheveux noirs.

Pour conclure, cette caricature signifie que les différences dans la perception de l'autre se sont minimisées au cours des siècles et que Allemands et Français se considèrent réciproquement comme de jeunes gens modernes, appartenant à une même culture et partageant le même système de valeurs.

Dans le texte il s'agit d'un article paru dans le grand quotidien français « Le Monde ». Le journaliste, un certain Thomas Ferenczi, traite dans ce texte l'état actuel des relations franco-allemandes.

Au moment de la parution de ce texte au mois de mars 2007 la relation franco-allemande était, selon l'auteur, troublée par plusieurs événements politiques. Il constate même qu'une « certaine méfiance s'est installée » (l. 18). Après une longue période d'entente cordiale franco-allemande, allant de pair avec le succès de la construction européenne en cours, la chute du mur en 1989 et les « malentendus » liés à l'unification ont abouti à ce que le moteur franco-allemand, qui avait toujours su faire avancer l'Europe politique, se mette à tousser. Au niveau des acteurs politiques, au plus tard avec la prise de pouvoir de Angela Merkel, l'ère des grands couples a pris fin. Le général de Gaulle et Adenauer, Giscard d'Estaing et Schmidt, Mitterrand et Kohl et peut-être encore Chirac et Schröder, c'étaient des partenaires qui cultivaient un lien personnel étroit et donnaient ainsi de l'élan à un processus européen trop souvent difficile.

Actuellement, après l'échec du référendum constitutionnel et les essais un peu timides à trouver une issue à l'impasse qui en résulte, on peut dire avec Thomas Ferenczi que la solidarité franco-allemande continue à fonctionner, mais que cela ne suffit pas pour que l'axe Paris-Berlin redevienne le moteur d'une intégration européenne future (l. 34/35).

Ce résultat ne contredit pas du tout les résultats de l'analyse de la caricature ci-dessus. Après avoir surmonté la notion de l'ennemi héréditaire qui a dominé pendant des siècles la perspective réciproque, Français et Allemands doivent dans le contexte actuel, où ils se considèrent comme des partenaires égaux, profiter de leur position au centre géographique, économique et politique de l'Europe, pour redevenir une vraie force d'impulsion en Europe.

3. **Hinweis:** *Bei der dritten Arbeitsanweisung handelt es sich wieder um eine Aufgabe, in der Ihre persönliche wertende Stellungnahme gefordert ist. Inhaltlich kann hier nur die Schlüssigkeit Ihrer Argumentation, keinesfalls hingegen die Richtung Ihrer Aussage bewertet werden. Achten Sie also auf stringente Gedankenführung und Formulierung.*

La chute du mur de Berlin constitue un élément décisif ou même en quelque sorte un tournant important dans le développement des relations franco-allemandes. Avant, les rôles étaient bien répartis entre les deux pays voisins au cœur de l'Europe.

La France pouvait offrir aux Allemands, responsables et coupables de la deuxième guerre mondiale et de la barbarie nazie, la possibilité de retrouver une place honorable parmi les grandes puissances européennes. L'Allemagne par contre a toujours reconnu la prédominance française sur le plan politique et est devenue pendant ce temps la première puissance économique sur le continent.

Depuis, après les quelques irritations des années 90 la France et l'Allemagne ont le devoir de veiller comme partenaires égaux sur le processus de l'intégration européenne. L'échec du référendum sur la constitution en France et aux Pays-Bas a montré que l'Europe politique n'est pas une affaire personnelle de tous les Européens. Au contraire, le processus d'élargissement a suscité des craintes massives non seulement chez ceux qui se font du souci pour la culture occidentale et les valeurs chrétiennes mais aussi pour ceux qui redoutent la concurrence bon marché sur le marché du travail européen.

Dans cette situation la France et l'Allemagne doivent continuer à mener une politique sage et calme pour communiquer les bienfaits politiques et économiques de l'élargissement. Les idées principales formulées dans le texte constitutionnel ont été repris dans la « Déclaration de Berlin » solennellement, ce qui est sûrement un pas dans la bonne direction.

En conclusion j'aimerais dire que l'intégration politique, économique, sociale et culturelle en Europe est sans alternative parce que l'histoire des nations se termine et que l'histoire de l'Europe est à peine commencée.

Hörverstehen

4

L'OIF s'agrandit
L'Organisation Internationale de la Francophonie vient de s'agrandir.
L'Estonie, le plus au nord des pays baltes (1,3 millions d'habitants), vient
d'obtenir le statut de membre observateur de la Francophonie.

Écoutez le texte trois fois en entier.
Cochez toutes les cases qui vous semblent exactes.   *(25)*

1. Quelles informations est-ce que le texte nous fournit sur Tonis Lukas ?

   ☐ Il est ministre estonien de l'Intérieur.

   ☐ Il est ministre estonien de l'Education.

   ☐ Il parle bien le russe.

   ☐ Il parle bien le français.

   ☐ Il a fait des études à Paris.

2. Nommez deux avantages de l'appartenance de l'Estonie à la francophonie selon Lukas.

   _____

   _____

3. En 2004 l'Estonie a adhéré à deux organisations internationales.
   Auxquelles ?

4. Quel était le nom de la monnaie estonienne avant l'introduction de
   l'Euro ?

   ☐ franc

   ☐ rouble

   ☐ couronne

   ☐ livre

5. Quand est-ce que l'Estonie est redevenue indépendante ?

   ☐ en 1989

   ☐ en 1990

   ☐ en 1991

   ☐ en 1992

6. Vrai ou faux ? Cochez la bonne réponse.
   Si la phrase est fausse, corrigez-la.   vrai faux

   a) Ces derniers temps les relations entre la France et l'Estonie   ☐ ☐
      se sont dégradées.

      _____

      _____

   b) Les investissements français en Estonie ont doublé.   ☐ ☐

      _____

      _____

   c) La France arrive en deuxième position.   ☐ ☐

      _____

      _____

   d) Le Président Sarkozy était à Tallinn au printemps.   ☐ ☐

      _____

      _____

   e) Un chef d'orchestre estonien a pris la tête de l'orchestre de   ☐ ☐
      Paris.

      _____

      _____

7. Qu'est-ce qui a ouvert en 2010 à Tallinn ?
   ☐ un cinéma français
   ☐ un institut scientifique français
   ☐ un lycée Français
   ☐ une classe maternelle francophone
   ☐ une bibliothèque de littérature française

8. Quelle mesure l'Estonie a-t-elle prise pour faire face à la Présidence de
   l'Union Européenne en 2018 ?

   _____

La francophonie, une réalité oubliée

Les Français doivent faire l'effort de se penser dans un ensemble linguistique dynamique et créateur de diversité culturelle.

À la tête de l'organisation de la francophonie depuis quatre ans, je ne parviens toujours pas à m'expliquer, ni à expliquer aux francophones militants qui vivent sur
5 d'autres rivages, le désamour des Français pour la francophonie. Désamour, désintérêt, méconnaissance ? Il est vrai que les médias français, légitimement préoccupés par les crises qui ébranlent le monde et par la politique européenne, ne trouvent que peu de place à lui consacrer, si ce n'est une fois tous les deux ans, à l'occasion du sommet des chefs d'État et de gouvernement, et encore…
10 […] Je m'explique mal qu'évoquant les crises et les conflits qui secouent l'Afrique, on omette de mentionner la part déterminante que prend la francophonie aux efforts de paix et de reconstruction dans cette région, et dans d'autres. Je m'explique mal qu'évoquant la bataille qui s'est livrée à l'Unesco autour de la Convention sur la diversité culturelle, on omette de signaler le rôle décisif de la francophonie
15 dans ce bras de fer.
Faut-il voir dans ces omissions le fait que l'on continue – singulièrement parmi les élites et les intellectuels – à la percevoir à travers le prisme d'idées aussi fausses que reçues : un combat dépassé pour la défense de la langue française, contre l'anglais ! Un avatar du colonialisme ! Ces formules péremptoires sont plus graves qu'il n'y
20 paraît, et l'honnêteté intellectuelle voudrait que l'on cherche à connaître avant de juger et de condamner.

Une nouvelle guerre de cent ans

Je n'ose croire que ceux dont le métier est de penser et de créer veuillent réduire le combat de la francophonie pour le respect et la promotion de la diversité des langues
25 et des cultures à une nouvelle guerre de Cent Ans. Il ne s'agit pas de lutter pour ou contre la prééminence de telle ou telle langue. Il s'agit de faire en sorte que la vie de l'homme sous l'effet d'une standardisation ne se transforme en un désert de redondances et de monotonie, ou que les identités culturelles ne deviennent « meurtrières ». Il s'agit de construire une communauté mondiale où la recherche de convergences,
30 d'alliances, d'interactions entre les aires de civilisation l'emportera sur les volontés hégémoniques. Et ce dessein, les francophones le revendiquent avec fierté. […]
Vous comprendrez donc que j'applaudisse à deux mains lorsque je lis, dans « Le Monde des livres » (du 16 mars), le brillant hommage de quarante-quatre écrivains à la « littérature-monde » en français ! Nous partageons tous le même éclatant et sti-
35 mulant constat, à savoir que « diverses sont aujourd'hui les littératures de langue française ». Il est clair, aussi, que nous partageons le même objectif, celui « d'un dialogue dans un vaste ensemble polyphonique ». Mais vous me permettrez de vous faire irrespectueusement remarquer, mesdames et messieurs les écrivains, que vous contribuez dans ce manifeste, avec toute l'autorité que votre talent confère à votre

40 parole, à entretenir le plus grave des contresens sur la francophonie, en confondant francocentrisme et francophonie, en confondant exception culturelle et diversité culturelle. Je déplore surtout que vous ayez choisi de vous poser en fossoyeurs de la francophonie, non pas sur la base d'arguments fondés, ce qui aurait eu le mérite d'ouvrir un débat, mais en redonnant vigueur à des poncifs qui décidément ont la vie
45 dure.

Les Français ne savent pas encore assez tout ce qu'ils peuvent offrir à la francophonie, et surtout tout ce qu'elle peut leur offrir. J'espère que viendra bientôt le jour où il sera évident pour un Français de se présenter en se disant normand, français, européen et francophone, sans crainte d'apparaître « réac »ou ringard !   *(602 mots)*

Diouf, Abdou : « La Francophonie, une réalité oubliée ». © Le Monde 20. 03. 07

Annotations

l. 11	omettre	manquer de faire qc
l. 15	un bras de fer	*ici :* un conflit
l. 16	une omission	*dt.* ein Versäumnis
l. 19	un avatar	*dt.* ein Überbleibsel
l. 19	péremptoire	contre quoi on ne peut rien répliquer
l. 27/28	une rédondance	*dt.* eine (überflüssige) Wiederholung
l. 39	conférer à	*ici :* donner à
l. 42	se poser en fossoyeur	*dt.* sich zum Totengräber machen
l. 44	un poncif	une banalité, un cliché
l. 49	ringard, e	démodé, e

Sujets d'étude

1. Faites le résumé du texte.   *(20)*

2. Analysez les différences entre les positions de Diouf et de ceux qui ont signé le manifeste cité. Référez-vous aussi à la caricature, selon lequelle la langue française serait rafraîchissante.   *(25)*

La langue française est rafraîchissante !   © *Tomi Ungerer*

3. D'après tout ce que vous savez de l'institution de la francophonie telle qu'elle existe aujourd'hui, est-ce que vous la qualifieriez de réactionnaire comme les auteurs qui ont signé le manifeste ou bien partagez-vous la position de Diouf ?   *(30)*

Lösungsvorschläge

L'Estonie devient membre observateur de la francophonie

– Tõnis Lukas, le ministre estonien de l'Éducation, qui est par ailleurs un parfait francophone et que j'ai joint hier par téléphone, m'a assuré que cette adhésion était un succès pour l'Estonie. D'après le ministre, que l'Estonie soit devenue membre observateur de la francophonie, c'est important pour l'aspect linguistique de la francophonie. Le statut du francais sera valorisé dans le pays, il y a aura encore plus de moyens pour renforcer l'enseignement du français dans ce pays balte. Mais cette adhésion reste aussi essentielle au niveau politique. L'Estonie faisait autrefois partie de l'Union soviétique. En 2004, elle a adhéré à l'Union européene et à l'OTAN. Au premier janvier prochain, elle va abandonner sa monnaie, la couronne estonienne, au profit de l'euro. Elle semble donc très bien intégrée dans les structures occidentales. Et pour le ministre, ce nouveau statut francophone va permettre à l'Estonie d'être introduite dans le cercle culturel mondial, d'être encore mieux informée. Et surtout aussi de montrer son adhésion aux valeurs de la francophonie. Un exemple : la juriste au Ministère des affaires sociales responsables des questions de parité hommes-femmes est francophone.

– Au delà de la francophonie, peut-on dire que l'Estonie est francophile ?

– Oui. Par exemple à Tartu, la grande ville universitaire en Estonie, l'Institut scientifique français avait été crée dès 1922. C'est la période de la première indépendance de l'Estonie. Et pendant cette période de l'entre-deux-guerres, il y a avait neuf associations culturelles françaises en Estonie. L'Institut scientifique français a tout de suite rouvert quand l'Estonie est redevenue indépendante en 1991 et il mène toujours une activitée culturelle et scientifique. Ces derniers temps d'ailleurs, les relations entre l'Estonie et la France s'intensifient : les investissements français en Estonie ont doublé par rapport à 2009. La France arrive en sixième position. Les visites politiques se font plus fréquentes : le Premier ministre Ansip était à Paris au printemps et le grand chef d'orchestre estonien Paavo Järvi vient de prendre la tête en septembre de l'orchestre de Paris.

– Comment le gouvernement estonien et l'OIF entendent-ils développer la francophonie en Estonie, Marielle ?

– Par exemple, il y a un tout nouveau projet. À cette rentrée scolaire 2010, une classe de maternelle francophone a été ouverte à Tallinn. Sur les dix petits élèves, deux seulement sont de langue maternelle française, les autres sont estoniens : la preuve que l'intérêt pour le français est là. Et avec cette classe, l'Estonie vise le long terme puisque le but est d'ouvrir un lycée international avec une section française. Aujourd'hui, il y a une soixantaine d'établissements en Estonie qui proposent le français aux élèves. Et cette année, même un professeur est venu de France pour assurer des cours dans un établissement de Tallinn. Et même si le français a encore souvent la réputation d'être une langue élitiste, les professeurs n'arrivent pas à répondre à la demande. En 2018 l'Estonie prendra la présidence de l'Union européenne. Pour y faire face, il y a également 400 fonctionnaires qui sont formés chaque années en français dans cette république balte.

Vitureau, Marielle : « L'OIF s'agrandit », 25. 10. 2010, © rfi
http://www.rfi.fr/emission/20101025-oif-s-agrandit

Hinweis: Die Aufgabenstellungen dieser Hörverstehensaufgaben erfordern Ihre Methodenkompetenz. Prüfen Sie, bei welchen Aufgaben nur einzelne Details und bei welchen Zusammenhänge erschlossen werden müssen. Es gibt auch Aufgaben, bei denen das logische Denken oder die Kenntnis allgemeiner historischer oder politischer Zusammenhänge ausreicht, um sie richtig zu beantworten. Das gilt etwa für Frage 3 oder auch für den ersten Satz von Frage 6.

1. ☐ Il est ministre estonien de l'Intérieur.

   ☒ Il est ministre estonien de l'Education.

   ☐ Il parle bien le russe.

   ☒ Il parle bien le français.

   ☐ Il a fait des études à Paris.

2. • C'est important pour l'aspect linguistique de la francophonie.
   • Le statut du français sera valorisé en Estonie.
   • Il y aura plus de moyens pour l'enseignement du français.
   • Elle est essentielle au niveau politique.

3. à l'UE et à l'OTAN

4. ☐ franc

   ☐ rouble

   ☒ couronne

   ☐ livre

5. ☐ en 1989

   ☐ en 1990

   ☒ en 1991

   ☐ en 1992

6. Vrai ou faux ? Cochez la bonne réponse.
   Si la phrase est fausse, corrigez-la.

   vrai faux

   a) Ces derniers temps les relations entre la France et l'Estonie se sont dégradées. ☐ ☒
   Les relations se sont intensifiées.

   b) Les investissements français en Estonie ont doublé. ☒ ☐

   c) La France arrive en deuxième position. ☐ ☒
   La France arrive en sixième position.

	vrai	faux

d) Le Président Sarkozy était à Tallinn au printemps. ☐ vrai ☒ faux
Le premier ministre Ansip était à Paris.

e) Un chef d'orchestre estonien a pris la tête de l'orchestre ☒ vrai ☐ faux
de Paris.

7. ☐ un cinéma français

☐ un institut scientifique français

☐ un lycée Français

☒ une classe maternelle francophone

☐ une bibliothèque de littérature française

8. On forme chaque année 400 fonctionnaires en français.

Textaufgabe

1. *Hinweis: Die Aufgabenstellung verlangt explizit die Erstellung eines Resümees. Achten Sie also auf die Einhaltung der textsortenspezifischen Merkmale und bedenken Sie auch hier, dass es sich bei dem ersten Arbeitshinweis grundsätzlich um eine Aufgabe zur Überprüfung des Textverständnisses handelt. Vermeiden Sie also einen Fokus auf implizite Textaussagen und weiter gehende Interpretationen und beschränken Sie sich, auch zur Vermeidung von Überschneidungen mit anderen Aufgabenteilen, auf die Zusammenfassung des tatsächlich Geschriebenen in Ihren eigenen Worten.*

Le texte est signé Abdou Diouf, secrétaire général de la Francophonie et ancien Président du Sénégal. Il est paru le 20 mars 2007 dans le quotidien parisien « Le Monde ». On y distingue deux grands paragraphes.

Dans la première partie du texte, l'auteur constate une certaine distance des Français vis-à-vis de la francophonie. Cette méconnaissance ne concerne pas uniquement le grand public, ce qui serait normal ou du moins compréhensible vu le peu d'intérêt que les médias portent à ce sujet, mais aussi le domaine universitaire.

Diouf s'interroge ensuite sur les raisons possibles de cette dépréciation d'une organisation dont le rôle est selon lui déterminant dans les efforts déployés pour la paix et la reconstruction en Afrique. Il rejette la critique de ceux qui prennent la francophonie pour un instrument ringard et artificiel en vue de défendre l'influence mineure de la langue française.

La comparaison avec la guerre de Cent Ans, faite par l'auteur dans la deuxième partie du texte renvoie au conflit historique entre Français et Anglais au Moyen Age. Cependant ce n'est pas la querelle pour une prédominance d'une quelconque langue qu'il envisage, mais la lutte contre une monotonie et une hégémonie culturelles.

Finalement, Diouf reproche aux signataires d'un hommage à la « littérature-monde » en français, qui constitue en même temps un manifeste critiquant la francophonie, de confondre francophonie et francocentrisme. Il insiste sur le fait que la francophonie est un mouvement moderne au service de la diversité culturelle et non une association réactionnaire qui défendrait des valeurs dépassées.

2. *Hinweis: Die Schwierigkeit bei der Bearbeitung dieses Arbeitshinweises besteht vor allem darin, dass der Autor des vorliegenden Textes, der offizielle Repräsentant der „Francophonie", den Eindruck erweckt, als teile er die im „Manifest für eine französische Weltliteratur" formulierten Positionen. Erst bei genauerem Hinsehen wird klar, dass zwischen beiden Seiten ein massiver ideologischer Konflikt besteht, der sich in einer völlig konträren Beurteilung der Rolle der Organisation der Frankophonie als Organ der politischen Interessenvertretung manifestiert.*

Bien que l'auteur du texte veuille nous faire croire qu'il est entièrement d'accord avec les auteurs qui ont signé le manifeste, on s'aperçoit vite qu'en réalité, il y a bel et bien une forte contradiction entre les deux courants de la discussion relative au rôle de la langue française et à son soutien.

Les signataires du manifeste, voire ceux qui critiquent l'organisation de la francophonie, lui reprochent de vouloir se servir de la langue française comme instrument pour réaliser une hégémonie française sur les autres pays francophones d'une part et pour défendre le rang de la France au niveau international d'autre part. Cette organisation ne serait d'après eux pas faite pour préserver une diversité culturelle représentative de ses membres mais plutôt pour servir les intérêts politiques de son pays dominant. Cela justifierait bien sûr que l'on reproche aux adhérents de cette association d'être réactionnaire ou ringard comme Diouf le rapporte implicitement à la fin de son texte.

Ce dernier par contre, bien compréhensible dans sa position de secrétaire général de cette organisation, défend la francophonie comme moyen de communication garantissant le dialogue dans un « vaste ensemble polyphonique » (l. 37). Il insiste sur la position peut-être un peu naïve selon laquelle chaque individu de langue française pourrait, grâce à la francophonie, apporter sa part à une culture commune, la « féconder » de façon équivalente.

Ainsi, l'image reproduite représenterait la langue française comme un bien ou un produit succulent et rafraîchissant auquel tout le monde devrait avoir accès, qui devrait être à la disposition de tous.

3. *Hinweis: Aus den Diskussionen, die Sie im Unterricht geführt haben, kennen Sie vielleicht den hier behandelten grundsätzlichen Konflikt um die Rolle der Organisation der Frankophonie. Beziehen Sie sich in diesem Aufgabenteil auf die unter 2 bereits erarbeiteten Ergebnisse und ringen Sie sich im Sinne des Anforderungsbereiches III zu einer klar erkennbaren Gesamtbewertung der Zusammenhänge durch.*

La Francophonie comme organisation est bien évidemment plus qu'une simple association regroupant les pays au monde où l'on parle français. Il s'agit plutôt d'une tentative de regroupement politique avec des institutions bien réglementées, dont un sommet biannuel et une charte solennelle. Lorsqu'on sait que parmi les 55 pays membres de cette association figurent par exemple des États comme la Serbie ou l'Ukraine, qui n'ont jamais appartenu à un ensemble linguistique commun pour des raisons coloniales ou autres, on est en droit de s'interroger sur la raison d'être d'une telle organisation.

Quand on sait en même temps que le gouvernement français a installé un « Haut Conseil de la Langue Française » pour préserver le rang de la langue française dans la vie quotidienne, pour éliminer des expressions jugées superflues ou négligeables, le plus souvent des anglicismes, lorsqu'on suit un peu la politique linguistique de la France au niveau de l'Union Européenne, on a parfois du mal à ne pas voir dans tout cela un comportement réactionnaire qui se réfère à une époque euro- voire même francocentriste heureusement dépassée.

Cela dit, il est vrai que le triomphe de l'anglais dans la communication internationale va de pair avec une certaine standardisation culturelle certainement déplorable. Une telle uniformisation dans le domaine culturel se traduit par la mondialisation dans le domaine de l'économie et de la politique, qui ne favorise pas non plus la diversité. Mais peut-on « construire une communauté mondiale où la recherche de convergences, d'alliances, d'interactions entre les aires de civilisation l'emportera sur les volontés hégémoniques » en créant une organisation comme la Francophonie ? J'en doute !

Hörverstehen

5

Selon que l'on travaille comme ouvrière depuis ses dix-sept ans ou qu'on est lycéenne à Notre-Dame-de-Sion, le point de vue sur la retraite, les grèves et les manifs est assez différent. Dialogue virtuel entre deux France.

Annotations

se démerder *(fam.)*   *dt.* sich durchwursteln
l'événementiel   *dt.* Eventmanagement

Écoutez le texte trois fois en entier.
Cochez toutes les cases qui vous semblent exactes.   *(30)*

1. L'ouvrière dans ce « dialogue virtuel » est pour le travail jusqu'à l'âge de…

   ☐ 60 ans.
   ☐ 62 ans.
   ☐ 65 ans.
   ☐ 67 ans.

2. Elle travaille…

   ☐ depuis 17 ans.
   ☐ depuis 17 ans dans la même entreprise.
   ☐ depuis qu'elle a 17 ans.
   ☐ depuis que son fils a 17 ans.

3. La lycéenne est est pour le travail jusqu'à l'âge de…

   ☐ 60 ans.
   ☐ 62 ans.
   ☐ 65 ans.
   ☐ 67 ans.

4. Nommez trois arguments de la lycéenne appuyant son point de vue.

   _____

   _____

   _____

5. Vrai ou faux ? Cochez la bonne réponse.

vrai faux

a) L'ouvrière a un fils handicapé. ☐ ☐

b) Elle doit s'occuper de son jardin. ☐ ☐

c) Elle doit faire le ménage toute seule. ☐ ☐

d) Elle doit s'occuper de son mari handicapé. ☐ ☐

6. Dans quelle branche est-ce que la lycéenne veut travailler plus tard ?

☐ dans le commerce

☐ dans la publicité

☐ dans l'enseignement

☐ dans la communication

☐ dans l'audiovisuel

☐ dans l'événementiel

☐ dans la politique

7. Selon l'ouvrière l'inconvénient du travail à la chaîne est…

☐ qu'on est toujours pressé.

☐ que c'est fatiguant.

☐ qu'on n'a pas de pause.

☐ qu'on doit manipuler avec des poids énormes.

☐ que c'est mauvais pour la santé.

☐ qu' on ne peut pas communiquer avec les collègues.

8. Quelle expérience pénible pour lui est-ce que le père de la lycéenne a vécu ?

_____

9. Les grèves agacent la lycéenne…

☐ parce que ça ne sert à rien.

☐ parce qu'on arrive en retard aux cours.

☐ parce qu'on rate le bus.

☐ parce que les grèves sont interdites.

☐ parce qu'une grève ne touche pas la bonne adresse.

Séquestration chez Siemens

Deux cadres de la direction de Siemens à Saint-Chamond, dans la Loire, sont retenus pour la nuit par des salariés qui refusent les conditions de la fermeture du site.

Depuis lundi, 16 heures, des salariés de Siemens à Saint-Chamond, dans la Loire, retiennent deux cadres du groupe allemand pour les contraindre à poursuivre les négociations sur le plan de sauvegarde lié à la fermeture du site. Christian Paris et Annie Bobinet, respectivement directeur administratif et financier et directrice des Res-
5 sources Humaines de l'entreprise d'ingénierie métallurgique Siemens VAI MT, sont retenus par des salariés affirmant être « mandatés par l'ensemble du personnel » face au « blocage des négociations ». Ils exigent notamment que les effectifs ne descendent pas sous la barre des 476, que le site de Saint-Chamond ne soit pas fermé et qu'il n'y ait pas de nouveau plan social pendant cinq ans.

10 Les deux cadres ont reçu dans la soirée la visite du maire de Saint-Chamond, Philippe Kizirian (PS) et du député François Rochebloine (NC), en contact avec la préfecture de la Loire et le ministère de l'industrie. Jointe par téléphone dans l'après-midi de lundi, Annie Bobinet décrivait ainsi sa situation : « Nous avons interdiction de sortir de la salle pour répondre à des revendications précises du personnel ». « Le
15 comportement des salariés qui nous retiennent est correct et d'autres manifestent à l'extérieur avec des feux de Bengale », avait assuré pour sa part Christian Paris, également joint par téléphone. « Ils nous ont fait savoir que nous serions retenus tant qu'il n'y aurait pas d'évolution des négociations dans le sens qu'ils souhaitent, notamment sur le montant de la prime supra-légale pour les personnes licenciées ».

20 ### « On comprend l'émotion »
Mais si des discussions ont été lancées lundi soir avec les cadres retenus, elles ont rapidement été interrompues et n'ont débouché sur rien. Et les deux séquestrés ont dû passer une nuit dans l'entreprise. « On leur a apporté de la nourriture et des boissons », a assuré Jean-Jacques Servanton, délégué CFDT, selon lequel les deux cadres
25 « s'attendaient à ce qui allait se passer car depuis quelques mois nous dénonçons le blocage des négociations ».

« Il n'y a pas eu réellement de négociations lors de la réunion de clôture aujourd'hui (lundi) car le président Bernhard Fonseka, qui a toujours présidé les réunions, n'était pas présent », a déploré le syndicaliste. « Le CCE ne reconnaît pas le
30 mandat de pouvoir donné à M. Paris, car il n'a pas la moindre petite marge de négociation et n'a fait que répéter ce que l'on sait déjà, que rien n'est négociable », a-t-il ajouté.

« Les discussions sont en cours, on comprend l'émotion que ce projet peut susciter et on veut maintenir le dialogue », soulignait lundi soir la direction de Siemens VAI
35 MT. « L'idée de renforcer le site de Montbrison (Loire) est de réaffirmer notre activité industrielle en France », ajoutait-on.

Par TF1 News (d'après agence), 02. 03. 2010
http://lci.tf1.fr/economie/social/2010-03/sequestration-chez-siemens-5752125.html

Annotations

titre	séquestration	*dt.* Geiselnahme, vorübergehende Festsetzung von Personen zur Durchsetzung politischer oder finanzieller Ziele
l. 11	PS	*abbrév. de :* Parti Socialiste
l. 11	NC	*abbrév. de :* Nouveau Centre (Parti libéral)
l. 19	une prime supra-légale	prime payée pour récompenser la perte d'emploi

Sujets d'étude

1. Résumez le texte sur la séquestration. *(20)*

2. Que pensez-vous des méthodes employées par les ouvriers de Siemens à Saint-Chamond. Est-ce que vous pouvez imaginer un fait semblable en Allemagne ? *(25)*

Sprachmittlung

Arbeitsrechtler kritisieren Streikverbot

Das Streikrecht in Deutschland ist in keinem eigenen Gesetz festgeschrieben. Es leitet sich aus dem Grundgesetz (Art. 9 Abs. 3 GG) zur „Koalitionsfreiheit" ab, wonach Vereinigungen zur Wahrung und Förderung von Arbeits- und Wirtschaftsbedingungen gebildet werden dürfen. Die Auslegung des Gesetzes erfolgt durch die Recht-
5 sprechung. „Das deutsche Streikrecht zählt europaweit zu den restriktivsten", urteilt der Tarifexperte Thorsten Schulten von der gewerkschaftsnahen Hans-Böckler-Stiftung. Die Einschränkungen des Streikrechts seien bereits Ende der 1990er-Jahre im Rahmen der Europäischen Sozialcharta auch schon vom Europarat gerügt worden.

Während Arbeitnehmer in Italien und Frankreich ein individuelles Streikrecht be-
10 sitzen und auch gegen politische Themen auf die Straße gehen können, dürfen Streiks in Deutschland nur von Gewerkschaften organisiert werden. Weder Betriebsräte noch Arbeitnehmer dürften zu Streiks aufrufen. In der Regel geht einem Streik eine Urabstimmung voran, in der wiederum nur Gewerkschaftsmitglieder über einen Streik entscheiden. Die Mehrheit der Befragten muss zustimmen. Streiken dürfen aber alle
15 Mitarbeiter.

In Deutschland dürfen Streiks nur im Rahmen von Tarifverhandlungen stattfinden und zwar auch nur für Ziele, die tarifvertraglich geregelt werden können. So dürfen Arbeitnehmer hierzulande zwar für höhere Löhne streiken, aber nicht gegen politische Reformen der Regierung. Darüber hinaus besteht zu Zeiten geltender Tarif-
20 verträge sowie während Vertragsverhandlungen eine Friedenspflicht, in der nicht gestreikt werden darf.

© *Hamburger Abendblatt, 09. 08. 2007*
http://www.abendblatt.de/wirtschaft/article483871/Arbeitsrechtler-kritisieren-Streikverbot.html

Sujet d'étude

Vous êtes délégué du personnel dans une usine Siemens à Hambourg, menacée de fermeture. Rédigez un e-mail dans lequel vous exprimez brièvement votre solidarité avec les ouvriers français et vous vous plaignez des restrictions légales en Allemagne réduisant la marge de manœuvre des grévistes allemands. *(25)*

Deux France

– Quand on dit que la femme, elle doit aller travailler jusqu'à 67 ans parce qu'elle a mis trois gosses au monde, qu'est-ce que c'est que ce bordel ? Faut qu'elle se démerde pour trouver du travail, faut qu'elle se démerde pour trouver des crèches, faut qu'elle se démerde pour faire garder ses enfants. Et après on lui dit : « Connasse, comme tu as fait des gosses, eh ben tu travailleras jusqu'à 67 ans. » Non, non, non. Ça n'existe pas ça !

– Franchement, moi à trois, quatres ans près, je trouve que c'est pas catastrophique du tout. Au point où on en est, si ça fait trente ans qu'on est dans le même travail, trois ans de plus, franchement c'est pas la mort.

– Non, non, non, j'en ai marre. Je me lève tous les jours à 4 heures et demie. Non, non, non, j'en ai marre. Je travaille depuis 17 ans, depuis que j'ai 17 ans. Alors 62 ans : non, non, non, non !

– Bon, c'est sûr que c'est dur. Mais c'est vrai que la population vieillit de nos jours et on ne peut pas se permettre de prendre une retraite trop tôt parce qu'après sinon on se retrouve un peu à faire payer le gouvernement pour des dépenses un peu inutiles, vu qu'on peut encore travailler. Je pense qu'on est encore apte de travailler jusqu'à 65 ans. Et puis en plus tous les pays le font, je vois pas pourquoi nous la France on ne peut pas le faire.

– Se lever tous les jours à 4 heures et demie, à la fin t'en a marre. Moi l'après-midi quand je rentre chez moi, je dois m'occuper de mon fils qui est handicapé. Qu'est-ce qui me reste ? Juste bonne à aller me coucher.

– Ben j'aimerais bien travailler dans la communication, de l'événementiel ou quoi que ce soit ou de la pub. Bon c'est un métier difficile, mais si je le fais, c'est parce que j'aimerais faire ça plus tard. Donc, je pense que ça ne me dérangerais pas de travailler trois ans de plus pour ça.

– Moi je travaille à General Motors. Je suis pas à la chaîne, mais la chaîne je l'ai connue. Et la chaîne, quand je travaillais à la chaîne, on manipulait 8 à 10 tonnes de matériel par jour. C'est épuisant, c'est fatiguant. Et aujourd'hui je me retrouve devant un PC parce que j'ai eu de graves problèmes de santé à cause des mains.

– Mon père, il travaille pour une boîte. Il doit l'agrandir mondialement etc. Enfin, j'ai pas très bien compris ce qu'il fait et ma mère travaille dans l'immobilier. Deux métiers quand même assez difficiles. Je vois ma mère qui travaille et en plus qui doit s'occuper de nous, elle a beaucoup de mal. Mais, en même temps, je pense qu'elle en a besoin aussi. Enfin, elle aime son travail.

– Je fais partie de ces femmes divorcées qui vivent seules et qui élèvent un gosse handicapé. Enfin un jeune handicapé qui a 32 ans.

– Je sais qu'ils en ont besoin. Mon père a été au chômage pendant un an et ça a été horrible pour lui, parce qu'il avait besoin de son travail. Et de savoir qu'il ne pouvait pas travailler, ça a été très, très dur. Donc il s'est tout de suite remis à fonder une boîte parce qu'il en avait besoin. Enfin, aussi pour l'argent, mais surtout parce qu'il en avait juste besoin mentalement pour se sentir bien dans sa peau etc.

– C'est pas avec mes 1 300 euros que j'arrive à vivre. Quand il y a des factures qui viennent, hôpital ou autres. Ben non, c'est pas suffisant. Le forfait quand mon fils est hospitalisé pendant trois semaines, quatres semaines, un mois. Et ben il faut cracher 500 euros. Je les cherche…

– Je ne suis pas inscrite à la cantine. Heureusement ! Donc on se retrouve un peu toujours ici, mais il y a pas mal de restaurants, donc ça va.

– On est debout huit heures. On manipule des pièces très lourdes. C'est insupportable de rester à 67 ans. C'est insupportable. Même 60 ans, c'est insupportable.

– Ma grand-mère, elle avait besoin de travailler, mais elle aurait pu arrêter. On a dû la forcer à s'arrêter à l'âge de 75 ans parce qu'elle avait pas envie.

– *(en fond sonore)* On n'est pas contents, on n'est pas contents, on n'est pas contents !

– Ça énerve tout le monde. Ça sert à rien et ça n'avance absolument à rien. Enfin nous, ça nous agace. On arrive en retard en cours et dès qu'il y a une grève on n'a même pas envie de savoir la cause, on a juste envie qu'ils arrêtent parce qu'on trouve ça insupportable. Et tout le monde est d'accord sur ce point de vue… On aura toute la vie après pour se reposer. On a tellement des longues vies de nos jours…

Intitulé du son : « Les deux France », Réalisation : Andrada Noaghiu, Mix : Arnaud Forest,
Production : ARTE Radio – ARTE France
Extrait d'une série de documentaire en ligne sur arteradio.com

Hinweis: Achten Sie auch hier bei der Beantwortung der Fragen zum Hörverstehen darauf, dass bei den anzukreuzenden Lösungen jeweils eine oder mehrere richtig sein können.

Beachten Sie schon vor dem ersten Hören, dass es sich bei dem Tondokument um einen „virtuellen Dialog" handelt (s. Einleitung). Sie können also vorab davon ausgehen, dass es zwei Sprecher geben wird. Diese Annahme wird gestützt von dem Muster der Aufgabenstellung, an dem jeweils nach der „ouvrière" bzw. der „lycéenne" gefragt wird. In diesem Sinne sollten Sie alle Textteile einer der beiden Protagonistinnen zuordnen.

1. ☐ 60 ans.
   ☒ 62 ans.
   ☐ 65 ans.
   ☐ 67 ans.

2. ☐ depuis 17 ans.
   ☐ depuis 17 ans dans la même entreprise.
   ☒ depuis qu'elle a 17 ans.
   ☐ depuis que son fils a 17 ans.

3. ☐ 60 ans.
   ☐ 62 ans.
   ☒ 65 ans.
   ☐ 67 ans.

4. • La population vieillit de nos jours.
   • Ce seraient des dépenses inutiles pour le gouvernement de partir en retraite plus tôt.
   • On est apte à travailler jusqu'à 65 ans.

5.

	vrai	faux
a) L'ouvrière a un fils handicapé.	☒	☐
b) Elle doit s'occuper de son jardin.	☐	☒
c) Elle doit faire le ménage toute seule.	☐	☒
d) Elle doit s'occuper de son mari handicapé.	☐	☒

6. ☐ dans le commerce
   ☒ dans la publicité
   ☐ dans l'enseignement
   ☒ dans la communication
   ☐ dans l'audiovisuel
   ☒ dans l'événementiel
   ☐ dans la politique

7. ☐ qu'on est toujours pressé.
   ☒ que c'est fatiguant.
   ☐ qu'on n'a pas de pause.
   ☒ qu'on doit manipuler avec des poids énormes.
   ☒ que c'est mauvais pour la santé.
   ☐ qu' on ne peut pas communiquer avec les collègues.

8. Il a été au chômage pendant un an.

9. ☒ parce que ça ne sert à rien.
   ☒ parce qu'on arrive en retard aux cours.
   ☐ parce qu'on rate le bus.
   ☐ parce que les grèves sont interdites.
   ☐ parce qu'une grève ne touche pas la bonne adresse.

1. *Hinweis: Der Text ist reich an Handlung. Achten Sie darauf, die Ereignisse wie im Resümee gefordert neutral zusammenzufassen, also an dieser Stelle noch keinerlei wertende Stellungnahme einfließen zu lassen, und folgen Sie bei der Wiedergabe der Gliederung des Textes. In diesem Sinne ist es sinnvoll, nach einer genauen Verständnissicherung strikt Absatz für Absatz vorzugehen. Denken Sie auch daran, möglichst zu reformulieren und Ihre Wortschatzkenntnisse unter Beweis zu stellen.*

Le texte d'une agence de presse sur la séquestration de deux cadres dans une usine Siemens en France est paru sur le site internet de la chaîne de télévision TF 1.

Dans une usine à Saint-Chamond, dans le département Loire, les ouvriers ont pris en otage deux cadres, pour forcer la direction de poursuivre les négociations sur la fermeture de leur entreprise. Les salariés qui conduisent cette action prétendent que tout le personnel les soutient et qu'ils veulent éviter ainsi une réduction de l'effectif ou même la fermeture du site.

Apparemment, les deux otages sont traités correctement, ils ont même eu la visite du maire de la ville de Saint-Chamond et du député. Par contre ils n'ont pas le droit de quitter la salle et les salariés ont annoncé de les retenir jusqu'à ce qu'il y ait un progrès dans les négociations. Finalement les salariés ont dû se rendre à l'évidence que les négociations avec les cadres séquestrés ne servaient à rien, parce que ceux-ci n'avaient ni le mandat de la direction ni la moindre marge de négociation.

2. *Hinweis: Bei dieser Aufgabenstellung aus dem dritten Anforderungsbereich ist Ihre persönliche Urteilskompetenz gefragt. Beachten Sie jedoch bei der Beantwortung des zweiten Teils der Aufgabenstellung die Ihnen aus dem Sprachmittlungstext bekannten Fakten und lassen Sie gegebenenfalls Kenntnisse aus dem Geschichts- oder Politikunterricht mit einfließen.*

Le texte traite d'une séquestration dans une entreprise française. Cet événement bizarre est loin d'être unique, bien au contraire il a eu toute une série d'incidents comparables ces dernières années.

Moi, personnellement, je ne peux pas comprendre qu'une telle chose puisse se produire dans un État de droit où des conflits devraient être réglés de façon civilisée.

Il est bien normal que les salariés d'une usine menacée de fermeture se fassent du souci et qu'ils cherchent tous les moyens susceptibles d'améliorer leur situation, mais le fait de prendre en otage des collègues, même si ce sont des cadres qui font parti de la direction, me parait impensable. Ce qui me choque surtout c'est que les autorités et la police acceptent un tel comportement sans intervenir et que les responsables de cette action n'ont visiblement rien à craindre. Dans le cas présent les grévistes ont même eu la visite du maire et du député local qui eux aussi ont ainsi accepté les pratiques du personnel.

Je crois qu'un tel événement serait impensable en Allemagne où il y a heureusement une tradition complètement différente des conflits sociaux. Chez nous en République Fédérale les partenaires sociaux ont mis au point un modèle de règlement des conflits qui à ce jour s'est avéré apte à éviter de tels excès.

Sprachmittlung

Hinweis: *In dieser Sprachmittlungsaufgabe ist eine eindeutige Perspektivübernahme von Ihnen gefordert. Auch wenn Sie das Vorgehen der französischen Arbeiter keinesfalls billigen, sind Sie gehalten an dieser Stelle den Vorgaben der Aufgabenstellung zu folgen. Achten Sie zusätzlich auf die textsortenspezifischen Merkmale der E-mail wie weitgehende Abwesenheit formeller Elemente. Außerdem sollte Ihr Text adressatengerecht sein, das bedeutet im konkreten Fall, dass er dem Arbeitnehmer- und Gewerkschaftsdiskurs entsprechen sollte.*

Chers collègues,

Bravo pour votre action courageuse. Enfin un effectif qui réagit et qui prend les choses en mains. Je vous félicite de l'esprit de résistance qui règne dans votre pays et dans votre entreprise. Malheureusement une telle action serait absolument impensable chez nous en Allemagne.

Nous sommes à Hambourg dans une situation comparable à la vôtre. Notre entreprise est elle aussi menacée de restructuration voire de fermeture. Mais même dans une telle situation le personnel ou les délégués du personnel n'ont pas le droit de lancer un ordre de grève ou d'appeler à la résistance. Ce ne sont que les membres du personnel syndiqués qui décident dans une consultation de base sur une éventuelle grève.

Ce droit de grève allemand qui provient directement de la loi fondamentale compte parmi les plus restrictifs en Europe et a déjà été critiqué par le Conseil de l'Europe dans sa Charte sociale à la fin des années 90.

Le pire c'est que la seule possibilité de faire grève est de négocier sur la convention collective. Nous sommes alors voués à assister à cette injustice sans rien faire et c'est malheureusement exactement ce qui se passe actuellement.

Vous voyez alors pourquoi nous suivons votre combat avec beaucoup de solidarité mais aussi avec admiration et même un peu d'envie.

Bon courage et veuillez recevoir nos salutations solidaires.

Ihre
Meinung
zählt!

Der Weg zur besseren Note

Dieser Button zeigt bei jeder Produktreihe an, auf welcher Lernphase der Schwerpunkt liegt.

Abiturprüfung

Anhand von Original-Aufgaben die Prüfungssituation trainieren. Schülergerechte Lösungen helfen bei der Leistungskontrolle.

Abitur-Training

Prüfungsrelevantes Wissen schülergerecht präsentiert. Übungsaufgaben mit Lösungen sichern den Lernerfolg.

Klausuren

Durch gezieltes Klausurentraining die Grundlagen schaffen für eine gute Abinote.

Und vieles mehr auf www.stark-verlag.de

Kompakt-Wissen

Kompakte Darstellung des prüfungsrelevanten Wissens zum schnellen Nachschlagen und Wiederholen.

Interpretationen

Perfekte Hilfe beim Verständnis literarischer Werke.

Abi in der Tasche – und dann?

In den **STARK** Ratgebern findest du alle Informationen für einen erfolgreichen Start in die berufliche Zukunft.

27-V_Abi

www.stark-verlag.de

STARK